EDUCACIÓN Y COMUNICACIÓN MEDIADA POR LAS TECNOLOGÍAS:
TENDENCIAS Y RETOS DE INVESTIGACIÓN

— *Colección Comunicación y Pensamiento* —

EDUCACIÓN Y COMUNICACIÓN MEDIADA POR LAS TECNOLOGÍAS: tendencias y retos de investigación

Editores

Patricia de Casas Moreno
Gema Paramio Pérez
Ana Castro Zubizarreta

Autores

Vania Valdi
Eliza Ribeiro de Oliveira
Andrés García Umaña
Patricia de Casas Moreno
Gema Paramio Pérez
Jaime Flores Mora
Claudio Delgado Morales
Marta Sánchez Esparza
Rigliana Portugal
Ignacio Aguaded
Ana Castro Zubizarreta
Mari-Carmen Caldeiro

EGREGIUS
ediciones

EDUCACIÓN Y COMUNICACIÓN MEDIADA POR LAS TECNOLOGÍAS:
TENDENCIAS Y RETOS DE INVESTIGACIÓN.

Ediciones Egregius
www.egregius.es
Diseño de cubierta e interior: Francisco Anaya Benitez
© Los autores
1ª Edición. 2018

ISBN 978-84-17270-37-7

ÍNDICE

PRÓLOGO

El título de este texto "Educación y Comunicación mediadas por las tecnologías: Tendencias y retos de investigación", revela las reflexiones y propuestas, que los autores de los capítulos realizan sobre las posibilidades de uso de las Tecnologías de la Información y la Comunicación (TIC). En este sentido, hay que destacar que el auge de las nuevas tecnologías ha propiciado la evolución de las metodologías de enseñanza y de consumo de información. Las recientes teorías demuestran que el perfil del ciudadano se identifica por su papel activo en la participación de las TIC, sobre todo, desde la aparición de los dipositivos móviles. Además, la alfabetización mediática cobra un rol imperante para la sociedad en su día a día.

Este libro aparece estructurado en siete capítulos, donde se analizan diversas posibilidades de uso de las TIC, así como, sus fortalezas y debilidades. En el Capítulo I; "Móviles y primera infancia: análisis de una convivencia determinada por la cotidianeidad", se arroja luz, a través de una revisión teórica, sobre la polémica generada desde hace más de una década acerca del uso de las tecnologías en la infancia.

En el capítulo II, "Alfabetización digital con smartphones, un medio para reducir la soledad en los mayores", se muestra una experiencia donde, la alfabetización digital con smartphones sirve como medio de paliar uno de los grandes males del Siglo XXI, la soledad en los mayores.

En "A Queda do Império Facebook: uma análise sobre os motivos que levam ao afastamento da rede social" (Capítulo III), se muestra la decadencia de la red social Facebook, haciendo una revisión teórica sobre los factores que influyen en este fenómeno.

En los capítulos IV, "Nuevos entornos de aprendizaje, TIC y aplicación en la educación superior: revisión sistemática" y V, "Revisión teórica sobre el uso de las TIC y el smartphone en la docencia universitaria", se muestra una compilación de resultados sobre el uso de la tecnología para el aprendizaje y el conocimiento en los espacios de Educación Superior. En consonancia con esta última temática y teniendo en consideración, que es un fenómeno que se encuentra aún en sus comienzos, el capítulo VI "Nomofobia: la influencia del determinismo recíproco en la sociedad del conocimiento", presenta una investigación exploratoria que profundiza sobre el desarrollo de la Nomofobia en la sociedad intergeneracional, planteando las posibles soluciones comunicativas para equilibrar el uso responsable de los teléfonos inteligentes.

Para finalizar, el cierre de esta obra, concluye con el capítulo VII "Cero celulares en el aula, Límites frente a la necesidad de competencias mediáticas para la prevención de la violencia basada en género", en el que se resalta el uso de los nuevos dispositivos móviles para paliar un tema tan importante en la actualidad como es la violencia de género en Bolivia.

Dr. Ángel Hernando
Profesor Titular de la Universidad de Huelva

INTRODUCCIÓN

La evolución de ser humano ha estado ligada irremediablemente a los avances tecnológicos desde el principio de los tiempos. Desde una perspectiva socio-histórica, podemos ver como esta simbiosis ha dado lugar a nuevos entornos comunicativos, tranformando las costumbres y modos de vida de las civilizaciones, desde las formas prácticas de organización social hasta la manera en la que comprendemos el mundo. En la actualidad, la aparición de Internet y el desarrollo de la Web Social, han transformado la manera en que nos comunicamos e interactuamos. Los individuos ahora están interconectados a través de redes digitales a la que pueden acceder desde cualquier lugar y en cualquier momento. En este sentido, el impacto mundial que ha provocado la vertiginosa aparición de los dispositivos móviles y la proliferación del smartphone como herramienta cotidiana plantea grandes retos a la comunidad científica.

La presente obra pretende desechar los planteamientos reduccionistas que limitan las tecnologías digitales al campo de las Tecnologías de la información y la comunicación (TIC), abriendo un abanico de posibilidades en función del uso que las personas o grupos hacen de ellas. Durante siete capítulos, autores de diversas nacionalidades (Brasil, Italia, Portugal y España) se disertarán temas relacionados con la cotidianidad de la era tecnológica, el aprendizaje y el conocimiento mediados por las tecnologías (TAC), su función para el empoderamiento y participación social (TEP), y algunas de las problemáticas surgidas con relación a este nuevo fenómeno. En este sentido, y como no podía ser de otra manera, el primer y el segundo capítulo nos introducen en el impacto que las tecnologías tienen sobre nuestra vida diaria durante el ciclo vital.

En el primer capítulo se arroja luz sobre la conveniencia de del uso de las tecnologías en los menores. Por otro lado, en el capítulo dos, se muestra una experiencia en polo opuesto presentando las ventajas que ofrece la alfabetización digital a través del smartphone para paliar la soledad en los mayores. En consonancia con esta idea, la comunicación ubicua presenta ciertas ventajas frente a la comunicación tradicional ya que prescinde de la copresencia física, sin embargo, las relaciones que se crean en el ecosistema digital están sujetas a plataformas sociales que se encuentran en constante cambio. Este hecho, abre otro campo de investigación, aún en ciernes, para dilucidar cuales son los factores que hacen que una red sea más potente (a nivel de usuarios conectados) y más perdurable en el tiempo. Un ejemplo podemos encontrarlo en la decadencia de la red social Facebook (la mayor conocida hasta ahora) con casi dos billones de usuarios. El tercer capítulo de esta obra trata de dar respuesta a esta cuestión, haciendo una revisión teórica sobre los factores psicosociales que influyen en este fenómeno.

En este punto se hace necesaria una reflexión sobre la tecnología y la alfabetización digital. ¿Estamos preparados para su uso? ¿están las tecnologías a nuestro servicio o por el contrario, somos nosotros lo que estamos a su merced?

En los capítulos cuatro y cinco se profundiza en la educomunicación a través de dos revisiones teóricas sobre el uso de las TAC en los contextos de educación superior. El capítulo cinco, además, se vertebra alrededor del smartphone y sus aplicaciones para el aprendizaje ubicuo. En consonancia con esta última temática y teniendo en consideración, que es un fenómeno que se encuentra aún en sus albores, el capítulo seis, presenta una investigación que aborda la nomofobia como un nuevo fenómeno, aún sin catalogar derivado el uso excesivo de los dispositivos móviles. Por otro lado, el capítulo siete hace referencia a la utilización de las tecnologías como forma de empoderamiento social (TEP) presentando una valoración sobre los usos de la tecnología para paliar el fenómeno de la violencia de género.

Esta compilación pretende ser una reflexión sobre el panorama actual de la investigación en el campo de las Tecnologías de la Información y la Comunicación, aportando respuestas a algunos de los grandes interrogantes que están siendo objeto de estudio en la acualidad.

Dra. Gema Paramio Pérez
Universidad de Huelva
Dra. Patricia de Casas Moreno
Universidad de Nebrija
Dra. Ana Castro Zubizarreta
Universidad de Cantabria

MÓVILES Y PRIMERA INFANCIA: ANÁLISIS DE UNA CONVIVENCIA DETERMINADA POR LA COTIDIANEIDAD

Ana Castro Zubizarreta
Universidad de Cantabria
Mari-Carmen Caldeiro
Universidad de Cantabria
Universidad de Santiago de Compostela

Resumen

Los dispositivos tecnológicos emergen con gran fuerza en el ecosistema mediático reciente. En este contexto, las pantallas se convierten en constantes en nuestras vidas para comunicarnos, entretenernos, o acceder a información. Del mismo modo, es incuestionable el hecho de que cada vez a edades más tempranas los menores están en contacto con la tecnología. Al respecto, a lo largo de la última década ha surgido un polémico discurso sobre el uso de los móviles por parte de los menores, sin embargo, no podemos obviar que los más pequeños, se encuentran, de forma irremediable, expuestos a múltiples pantallas que forman parte de una cotidianeidad que incide en la construcción de sentido y significado del mundo en el que se desenvuelven. En esta comunicación se realiza una revisión teórica del estado de esta cuestión temática, identificando aquellas investigaciones que han centrado su foco de atención en la primera infancia (0-6 años) y su interacción con los dispositivos móviles, recogiendo los topos temáticos apuntados así como los principales resultados obtenidos. Entendemos que este trabajo puede ser de interés dada la población de destino, escasamente abordada, cuyos resultados pueden favorecer la reflexión de la comunidad educativa así como la generación de propuestas de trabajo futuras derivadas de esta investigación.

Palabras clave

Tic, móviles, primera infancia, uso, control, educación

1. La realidad mediática reciente: más allá de la virtualidad

La tecnología y las pantallas se han adueñado de la vida de la ciudadanía en general, independientemente de su rango de edad, el uso de herramientas tecnológicas se ha generalizado. Según recoge Telefónica en el Informe de la Sociedad de la Información (2016) en España el 80% de la población utiliza Internet y la cifra continúa incrementándose. No solo la población de edad media sino además los menores y también las personas de mayor edad contribuyen al acelerado crecimiento de la cifra pues, tal y como expresa Gesser (2004: 6): "El uso de dispositivos móviles ha tenido una penetración horizontal y vertical entre la población, trascendiendo la pertenencia de clase, [...] las diferencias de género y generacionales, el grupo étnico o el capital cultural".

En este sentido y atendiendo al colectivo de la infancia conviene subrayar la importancia de este dato, pues más allá de la representatividad en cifras, interesa analizar el uso y/o el abuso que el colectivo de menor edad realiza de las pantallas. Además de ello, centra la atención el motivo para el cual se destina, es decir, se trata de una convivencia innegable, derivada de la realidad mediática o puede atribuirse el uso a factores externos en los cuales la familia juega un papel decisivo. La figura de los padres y/o tutores junto a la de los maestros o la de los adultos en general han de, por un lado, ejercer un cierto control y por otro deben contar con los conocimientos mínimos que la situación exige, conocimientos que les permiten comunicarse e interactuar en la sociedad digital más reciente.

En la función de adultos se conjuga por tanto una doble vertiente, la normativa y la cognitiva entendiendo que esta última es compartida con los más pequeños en tanto que la «Generación Z» a la que Atrevia en su Web denomina como «Autodidactas, creativos y sobreexpuestos a la información» son niños y niñas que cada vez de forma más temprana conocen el funcionamiento de las herramientas tecnológicas; sin embargo en esta dimensión cognitiva son los adultos los que poseen una madurez superior que les permite interactuar y comunicarse de forma adecuada en la virtualidad.

Constatada esta realidad, se propone un análisis de los motivos que pueden llevar a los más pequeños a estar en contacto, en ocasiones no controlado, con la tecnología, teniendo en cuenta la idea referida a los niños que recoge el Informe de Unicef (2017) cuando afirma que «En un mundo digital, sus voces son cada vez más importantes, y se oyen más alto que nunca. Se trata de un mundo que no solamente ellos van a heredar, sino que están contribuyendo a configurar».

Por este motivo y siguiendo con la idea que plantea la Conferencia Nacional de derechos del niño resulta fundamental favorecer la participación de los más pequeños en la sociedad digital. Lejos de coartarles la libertad o de prohibirles usar herramientas que, conforman la sociedad hipermedia (Caldeiro y Aguaded, 2015a) donde, de manera inexcusable viven, es necesario formarles en un uso correcto y favorecer, desde edades tempranas de la autonomía y la competencia crítica (Caldeiro y Aguaded, 2015b) que ha de acompañarles a lo largo de toda su vida. Una competencia que crecerá gracias al «life long learning» (Longworth, 2005) que les exigirá la realidad social y tecnológica actual. Una realidad que requiere de una continua formación para la convivencia y el entendimiento en la sociedad digital y mediática.

2. Móviles e infancia: necesidad o imposición

Los dispositivos móviles y su presencia son una constante en nuestras vidas, llegando a formar parte de la rutina cotidiana de los pequeños que se sienten atraídos por ellos, debido a su facilidad de uso, su movilidad, y el aprendizaje a través de la observación que adquieren de sus referentes adultos que les dan acceso a los mismos. Al respecto, Garmendia, Jiménez, Casado y Mascheroni, (2016) señalan en los resultados que se recogen del Informe Net Children Go Mobile del contexto español que los niños usan dispositivos móviles para jugar, ver vídeos, comunicarse, tomar fotos, y acceder a aplicaciones (apps).

La pasión de los más pequeños por los dispositivos móviles es una realidad recogida en múltiples publicaciones a nivel internacional (Mascheroni, & Ólafsson, 2014; Haddon & Vincent, 2014) que reflejan que la edad de inicio y acceso a estos dispositivos es cada vez más temprana. Teniendo en consideración los datos aportados en el trabajo de Kabali et al., (2015) en Estados Unidos, en el año 2013 el 72% de los niños de 0 a 8 años utilizaban un dispositivo móvil frente al 38% en 2011. Un aumento significativo de acceso del que llama especialmente la atención el incremento de su uso en los niños menores de dos años (38% en el año 2013). Los datos a los que hemos tenido acceso en el contexto nacional constatan esta tendencia internacional pues, los niños de 2 a 3 años utilizan habitualmente el móvil de sus padres para manejar aplicaciones como videos o juegos (Informe ditrendia: Mobile en España y en el Mundo 2016: 15). Así lo muestra también Roca (2015) en el Informe FAROS del Observatorio de Salud de la Infancia y la Adolescencia, dependiente del Hospital Sant Joan de Déu de Esplugues donde se especifica que un 40% de la población menor de dos años utiliza tablets y móviles. En esta línea, la literatura internacional coincide en señalar que la edad en la que los niños utilizaron por primera vez un dispositivo móvil disminuye con cada cohorte de edad sucesiva (Mascheroni, & Ólafsson, 2014; Haddon & Vincent, 2014).

Coincidimos con Chaudron (2015) cuando afirma que solo un pequeño porcentaje de estudios han puesto el foco de atención en el uso de las tecnologías por los niños menores de 9 años. Se tratan de investigaciones desarrolladas en el marco internacional (Plowman et al, 2012; Holloway et al., 2013; Plowman & McPake, 2013; Marsh 2014; Mascheroni, & Ólafsson, 2014; Haddon & Vincent, 2014 y Kabali et al., 2015) y escasamente abordadas en España donde únicamente hemos encontrado el estudio desarrollado por Garmendia, Jiménez, Casado y Mascheroni, (2016) que analizaron los resultados de nuestro país del proyecto internacional Net Children Go Mobile en el que han participado los siguientes países: Dinamarca, Italia, Reino Unido y Rumanía, Bélgica, Irlanda, Portugal y España y que contempló en nuestro país la participación de 500 menores de entre 9 y 16 años. No hemos encontrado, por tanto, estudios que aborden, en el contexto nacional, el uso de dispositivos móviles por parte de la población infantil menor de 9 años.

En definitiva, la escasez de estudios que abordan la relación de la primera infancia con los móviles hace difícil identificar apreciaciones completas y precisas sobre la relación de los niños con el teléfono móvil, el valor simbólico atribuido por estos al objeto en cuestión, los contextos a los que tienen acceso así como los efectos de esta tecnología en su vida personal, familiar y en su aprendizaje. A pesar de la limitada literatura existente en relación al foco temático presentado existen investigaciones que entendemos como referentes en este trabajo y que presentamos a continuación.

Un estudio de especial interés es el desarrollado por Kabali et al., (2015) en Estados Unidos, que tuvo como objeto identificar la exposición y uso de dispositivos móviles por parte de los más pequeños a través de una encuesta dirigida a familias con hijos con edades comprendidas entre los 4 meses y 4 años y que finalmente contó con la participación de 350 familias. Los resultados revelan que los progenitores permiten el acceso a los niños cada vez en edades más tempranas con la finalidad de que jueguen (70%), mantenerles en calma en lugares públicos (65%) e incluso, para que el niño se duerma (28%). Un dato a tener en cuenta y que se desprende de este estudio es que casi la mitad de los hijos mayores de un año de las familias participantes (43,5%) utilizaban el dispositivo móvil a diario siendo youtube la aplicación más utilizada por este colectivo infantil. Otro dato también sorprendente es que el 38% de los niños americanos con edades inferiores a los dos años utilizan smartphones y tablets de forma habitual y el hecho de que el 75% de los niños menores de 8 años dispone de un dispositivo móvil. En el caso de España, la edad media en la que un niño tiene su primer smartphone es mayor, a los doce años (Garmendia, Jiménez, Casado y Mascheroni, 2016).

En la investigación desarrollada por Chaudrón (2015) cuya población diana eran menores de 8 años se apunta un dato a considerar y sobre todo a comprobar en nuestro contexto y es el hecho de que las familias tiendan a posponer sus preocupaciones y precauciones sobre el uso de los dispositivos móviles por parte de los niños más pequeños ya que consideran que el escaso desarrollo de habilidades instrumentales básicas (lectura y escritura) les hace estar más protegidos ante posibles interacciones peligrosas a través del uso de la red o bien, otros posibles mensajes inapropiados o perjudiciales.

En su estudio, se acuña el término móvil como chupete electrónico, al señalar que las familias están confiriendo esta función a este dispositivo digital que cumple desde su perspectiva, el propósito de calmar al pequeño y mantenerle entretenido a la vez que incluso, se describe que se proporciona el acceso a los pequeños a estos para que los adultos puedan disfrutar de su propio tiempo personal. Asimismo, consideramos que en las investigaciones que abordan el uso de dispositivos móviles por parte de los niños existe una tendencia a evidenciar los peligros o problemas derivados de su uso por parte de la población infantil, donde quedan escasamente explorados posibles beneficios de este uso en el campo educativo o bien en el desarrollo personal. En relación a los efectos negativos, Hardell (2018) afirma que los teléfonos móviles y teléfonos inalámbricos emiten radiación de radiofrecuencia (RF). Una radiación a la que ninguna generación ha sido expuesta durante su infancia y adolescencia con anterioridad. También señala otros posibles problemas derivados de una exposición y uso de estos dispositivos tan precoz, como trastornos del sueño y problemas de conducta provocados por la adicción a su manejo. Por su parte, Pediathrics (2014) señala que el uso desproporcionado de la tecnología por parte de los niños puede favorecer una mala alimentación ya que los pequeños comen menos o más rápido para disponer de más tiempo frente a las pantallas. También se apuntan (Inteco, 2009) peligros asociados al uso de los dispositivos móviles por parte de los pequeños, como son el acceso a contenido inapropiado para su edad, la vulneración del derecho a su privacidad, y el acecho por parte de otras personas. Ante estas aportaciones contrarias al uso de dispositivos móviles por parte de los más pequeños de la familia, encontramos investigaciones como la realizada por Vittrup, Snider, Rose y Rippy (2016) en Estados Unidos que reflejan cómo las familias siguen considerando positivo el acceso de sus hijos con edades inferiores a los seis años a múltiples dispositivos tecnológicos, aun recibiendo información por parte de expertos en educación y salud que desaconseja esta actuación.

En cuanto a los aspectos positivos que se desprenden de su uso en el ámbito educativo hemos de señalar que solo han sido descritos en el marco de la educación obligatoria, pero no hemos encontrado resultados de su aplicación en la Educación Infantil. A partir de los 6 años, inicio de la Educación Primaria, se describen experiencias (Lai, Lai, Chuang & Wu, 2015; Aw, Wong, Zhang, Li & Looi,2016 o Fokides & Atsikpasi, 2017) que recogen en sus resultados mejora de la motivación de los estudiantes y en su rendimiento académico. Los niños más pequeños tienen acceso al uso de dispositivos móviles en el contexto familiar, no en el escolar donde su uso tiende a estar restringido. Es desde la familia donde se proveen tiempos de uso. Al respecto, Kabali (2015), señala que el 52% de los padres descargan aplicaciones educativas para sus hijos en los móviles lo que pone de relieve el potencial educativo que las familias perciben en estos dispositivos para los más pequeños, resultados coincidentes con los ya apuntados por Vittrup, Snider, Rose y Rippy (2016).

En todo caso, consideramos que vuelve a resurgir la polémica o el debate académico en torno a medios y pantallas y su presencia y convivencia con los más pequeños, al igual que ya sucedió en su momento con la televisión, también denominada niñera electrónica. Es aquí donde nos gustaría utilizar las palabras de Farné (2008:16) cuando afirmaba:

"Parece claro que para comprender el impacto y el efecto de la televisión sobre los niños debemos, antes que nada, abandonar el concepto no realista de lo que la televisión 'hace a los niños' y sustituirlo por aquel de lo que los niños hacen con la televisión"

Traslademos estas palabras a lo que actualmente está sucediendo con los dispositivos móviles, considerando la necesidad imperante en nuestro contexto de investigar qué es lo que los niños hacen con los móviles en la actualidad y qué es lo que está motivando realmente el uso de estos dispositivos por parte de los más pequeños.

3. Reflexiones sobre el estado actual

Conforme se ha indicado, la realidad confirma la presencia y uso de las pantallas a edades cada vez más tempranas, una realidad que acarrea una serie de ventajas e inconvenientes tales como son, el acceso a los contenidos y la posibilidad de que los adultos puedan seleccionar entre diferentes aplicaciones o programas de manera rápida y cómoda o, en el margen contrario, un inconveniente a la hora de regular el acceso, por parte de los más pequeños a los contenidos o al propio dispositivo. Un aspecto que se relaciona de forma directa con la dependencia de los móviles y la adicción que nacen fruto del descontrol y un uso inadecuado o incluso precoz.

En este sentido la pasada década, García-Galera (2008) recogía en el volumen que ha dirigido importantes aspectos relacionados con la telefonía móvil en la infancia y adolescencia, como directora de un proyecto de investigación sobre la temática, concluía que el móvil se había convertido en una seña de identidad. Un aspecto que se adelante a edades cada vez más tempranas. Además de ello, hace ya 10 años el móvil era utilizado de forma inadecuada por un alto porcentaje de usuarios y generaba conflictos en las familias a la hora de por un lado consensuar el tiempo de uso y por otro determinar qué cantidad económica debía establecerse como límite para consumir.

Como podemos deducir, los dispositivos móviles y las pantallas se consolidan como herramientas cuyas funciones iniciales han quedado desdibujadas en pro de otras muchas que inicialmente no eran consideradas como propias. En contra de la necesidad que la propia sociedad del consumo y la «obsolescencia programada» pueden llegar a imponer, contamos con el juicio de diversos profesionales como el de Fernández (2018), experta en neuropsicología, quien señala, refiriéndose a la comunicación y el uso de móviles en la infancia, que reducen «las habilidades interpersonales, los chicos dejan de mirarse a la cara cuando se hablan. En el aparato podemos poner pausa, mientras que en la interacción real, cuando hablamos con una persona no le podemos poner pausa».

Teniendo en cuenta la situación conviene reflexionar, en la línea que lo ha hecho la Comisión Europea (2015) sobre el papel de la familia en el uso de las Tic en la primera infancia. No debemos olvidar que las herramientas tecnológicas tienen un papel relevante si bien este no puede ser dominante, en la vida de los niños y niñas. Por tanto, y ya que resulta fundamental ayudar a los menores a autorregular de forma progresiva su comportamiento ante las TIC «es muy necesaria la guía de los padres, los cuidadores y los docentes» (JCR, 2015: 13).

Consideramos fundamental su formación desde los ámbitos digital y crítico, una necesidad sustentada en la desventaja que tienen los progenitores con frecuencia en relación al uso de dispositivos tecnológicos sobre las nuevas generaciones y que ocasiona preocupación y situaciones de descontrol por parte de las familias. Coincidimos con Chaudron (2015) cuando afirma que los niños son nativos digitales pero hasta cierto punto. Los pequeños que no saben leer aún, para el manejo de dispositivos móviles se sirven del reconocimiento de logos e imágenes. En su estudio señala cómo los niños de mayor edad (7-8 años), incluso se han familiarizado con redes sociales y servicios de mensajería, como Skype y WhatsApp, sobre todo si algunos miembros de la familia están lejos, llegando alguno a realizar la tecnología de forma creativa. A pesar de estas capacidades tecnológicas precoces, en el estudio se constata que los niños se encuentran ante situaciones que no saben gestionar, propias de su desarrollo cognitivo y evolutivo, señalándose que los riesgos son mayores en los niños de edades tempranas que todavía no distingues límites entre lo real y lo irreal y están todavía en el desarrollo de una moral dirigida de forma heterónoma.

Creemos que no se trata de ejercer una labor de sobreprotección y de limitación de un acceso que está influenciado por el hecho de que los niños viven en hogares equipados tecnológicamente, sino de supervisar y controlar la realidad audiovisual. Para ello, el colectivo adulto debe ser consciente de los riesgos y oportunidades del uso de las TIC y de Internet y ha de desarrollar las habilidades tecnológicas mínimas que contribuyen a disipar la brecha digital intergeneracional.

Los discursos acerca del uso de dispositivos móviles se despliegan diferentes en torno a padres y niños. Para los más pequeños el uso del móvil se vincula al juego, mientras que para los mayores del uso del móvil ensalzan su función comunicativa (Antolínez, 2012). Un dato interesante a considerar es el que conforme los niños crecen el móvil es sinónimo de autonomía para los hijos, de libertad. Continuando con esta línea argumental, los datos del informe del Inteco (2009) pone de relieve que la principal motivación para la compra del móvil a los niños es la tranquilidad de los padres y su control a pesar que con posterioridad, se convierta en uno de los principales conflictos que llevan a las familias a mediación.

En todo caso, tal y como afirma Antolínez (2012), el móvil refuerza la identidad de los menores como seres autónomos y autoorganizados. A pesar de ello, en las primeras edades, autores como Haddon & Vincent, (2014) y Kabali et al., (2015) advierten que el móvil es asimilado por el niño como un juguete, un dispositivo atractivo, a su alcance y de fácil manejo lo que supone la transformación del principal uso comunicativo conferido al móvil hacia el entretenimiento y juego en la infancia. Entendemos por tanto, siguiendo a Navarro et al. (2011), que el teléfono móvil ha superado la funcionalidad básica y se ha convertido en un instrumento de ocio.

Nos encontramos ante una paradoja expresada por Cerrato y Figuer (2010), los niños han sido conquistados por los medios pero son a su vez quienes dominan estos medios. Una conquista infantil que no siempre se realiza con la supervisión y mediación del adulto, tal y como recoge Ofcom (2014) donde se informa que solo el 50% de los niños de entre cinco y siete años utilizan el móvil con su supervisión. Según Childwise (2014), los hermanos mayores son causantes del acceso a dispositivos móviles de forma precoz por parte de los miembros más pequeños de la familia dado que los progenitores delegan la supervisión ante estos medios en ellos.

La necesidad de supervisión y mediación ante el uso de dispositivos móviles se erige como una necesidad para la protección y educación de la primera infancia que favorezca un manejo adecuado, ético y responsable de los dispositivos móviles en la adolescencia (Garmendia, Jiménez, Casado y Mascheroni, 2016). El papel de las familias lo entendemos por tanto, dentro de los primeros años de crianza de los niños, esencial como regulador de los beneficios y riesgos del uso de dispositivos móviles para los menores y fundamentales desde la promoción de la autorregulación y el emponderamiento infantil (Mascheroni et al., 2013). En todo caso, este papel conforme el niño amplíe su contexto de desenvolvimiento y acceda a la escolarización será compartido con la escuela, ya que compartimos la importancia del desarrollo de una ciudadanía prosumidora que sea capaz de vivir con dignidad en la sociedad de la ubicuidad.

4. Conclusiones

La cotidianeidad determina, como se ha indicado a lo largo de la comunicación, el contacto y uso de los móviles y las Tic por parte de la infancia. Una infancia que «han crecido entreteniéndose con los móviles de sus padres y para ellos las tabletas y las consolas no tienen secretos» (Ortega, Soto y Cerdán, 2016: 85). Este hecho demanda un cierto control; más allá del meramente legislativo y normativo urge la intervención por parte de la educación; esta educación de forma inexcusable trasciende el contexto escolar dado que el menor en primera instancia aprende en casa, y/o en sociedad y posteriormente, continúa ampliando su proceso educativo en la escuela. La realización de esta tarea es posible gracias a la formación académica que tiene como base el aprendizaje significativo, un aprendizaje que parte de la totalidad de conocimientos que el menor posee y busca, no solo incrementarlos sino además reforzarlos.

En este sentido, teniendo en cuenta que «los procesos de aprendizaje de los niños y las niñas no se pueden desvincular del contexto social y cultural en el que se relacionan» (Aubert, Flecha, García, Flecha y Racionero, 2010:132) y dado que, «nuestros niños/as viven rodeados de tecnología en casa, en la calle, en la mayoría de los entornos que les rodean» (Romero, 2005:17), para contribuir al aprendizaje con tecnología, resulta fundamental el conocimiento de la situación por parte de los agentes formativos en general y del profesorado, en particular. Más allá de las Apps o las diferentes herramientas tecnológicas que puedan usarse en la escuela juegan un papel decisivo los conocimientos generales del docente. Se trata de conocimientos que han de contribuir al completo desarrollo de la infancia, un crecimiento que se realiza, de forma incuestionable en la sociedad digital donde se interrelacionan. Este ambiente está protagonizado, según se ha constatado a lo largo del trabajo, por una ingente cantidad de «aplicaciones móviles que padres y educadores preocupados por la calidad seleccionan y con las que juegan los niños» (Crescenzi y Grané, 2016:83). En este sentido y para evitar, en la medida de lo posible la brecha digital «estos recursos empiezan a ser introducidos en el aula dado que son una herramienta de uso cotidiano en los hogares y sobre la que ejerce elevada seducción en los niños». (Fombona y Roza, 2016:167). Sin embargo, la referida introducción, como se ha constatado a lo largo de la investigación, no siempre se produce ya que, pese a ser lo deseable, no en todos los lugares en la escuela se utilizan Tic ni móviles. Por ende, no solo con el fin de mejorar los resultados académicos sino además para acercar la escuela a la realidad social y mediática imperante se propone la inclusión de los móviles en las aulas desde edades tempranas. Esta inclusión serviría por un lado, para reducir y/o frenar el incremento de la brecha digital y por otro para que el aprendizaje de los pequeños se produzca de forma similar y utilizando herramientas parecidas dentro y fuera de la escuela, es decir, un aprendizaje continuo en la totalidad de ambientes en los que se desarrollo. Tal desiderata se cuestiona desde el contexto académico no solo por la falta de conocimientos por parte del docente sino además porque la inclusión y uso pedagógico de los móviles dificulta la tarea del profesional y requiere de una mayor cantidad de horas de dedicación. Sin embargo, se considera una herramienta útil ya que al ser conocida por los niños previamente favorece el desarrollo del aprendizaje significativo por parte del menor y permite el aumento de la creatividad. Además de estas ventajas incrementa la seguridad del niño en sí mismo y su autonomía ya que el trabajo con herramientas cotidianas y en un ambiente familiar favorece el crecimiento de la infancia.

Como se ha indicado anteriormente, existe una escasa cantidad de literatura que focalice el interés en aquellos aspectos más relevantes que sintetizan la relación entre móviles y primera infancia. Por tanto, con este trabajo exploratorio hemos pretendido sintetizar un conjunto de argumentos suficientes que nos sirven para certificar la realidad digital inmediata. Asimismo se ha dejado constancia de la cotidianeidad dentro y fuera de la escuela en la que la infancia se forma y donde construye su propia identidad; además de ello se han referenciado los espacios, presenciales o virtuales que le permiten afianzar sus conocimientos, tanto tecnológicos como cognitivos e incrementar la confianza y de algún modo cultivar la autonomía cuya base radica en la seguridad en sí mismo. Actividades todas ellas que se producen en un entorno donde prima la omnipresencia de los medios digitales, que junto con la interactividad han de utilizarse como herramientas marco para determinar la construcción de la identidad de la infancia y para visibilizarlos e individualizarlos en el contexto multipantalla más reciente.

Referencias bibliográficas

Aubert, A.; Flecha, A.; García, C.; Flecha, R. & Racionero, S. (2010). Aprendizaje dialógico en la Sociedad de la Información. Barcelona: Hipatía.

Aw, G. P., Wong, L.-H., Zhang, X., Li, Y., & Quek, G. H., (2016). My-CLOUD: A Seamless Chinese vocabulary learning experience mediated by cloud and mobile technologies. In C. S. Chai, C. P. Lim & C. M. Tan. (Eds.). *Future Learning in Primary Schools - A Singapore Perspective* (pp. 65-78). Singapore: Springer.

Antolínez, M.P. (2012). Infancia y telefonía *móvil*: practicidad, usos y significados. Tesis Doctoral. Universidad Complutense de Madrid.

Caldeiro, M. C y Aguaded, J. I. (2015a). Alfabetización comunicativa y competencia mediática en la sociedad hipercomunicada. *Ridu, 9 (1).* Pp. 45-64.

Caldeiro-Pedreira, M. C. & Aguaded-Gómez, I. (2015b). «Estoy aprendiendo no me molestes». La competencia mediática como forma de expresión crítica de nativos e inmigrantes digitales. Redes.com, 12, pp. 27-45. Recuperado de http://goo.gl/JGZihL

Cerrato, S y Figuer, C. (2010). Infancia, adolescencia y tecnoclogías de la información y de la comunicación (Tics),*Perspectiva psicosocial,* 19 (1), 5-8.

Chaudron, S, (2015). Young Children (0-8) and digital technology: A qualitative exploratory study across seven countries , *Institute for the Protection and Security of the Citizen,*Publication Office of the European Union.

Childwise (2014). *The Monitor Pre-School Report 2014 – Key Behaviour Patterns among 0 to 4 Year Olds.* Norwich: Childwise.

Crescenzi, L. & Grané, M. (2016). An Analysis of the Interaction Design of the Best Educational Apps for Children Aged Zero to Eight. *Comunicar, 46,* 77-85. Doi: https://doi.org/10.3916/C46-2016-08

Farné, R. (2008). El problema de la investigación sobre los niños y la televisión, Doxa Comunicación: revista interdisciplinar de estudios de comunicación y ciencias sociales, 7, 13-24.

Fernández, G. (2018). El riesgo para la primera infancia en la era de los celulares y las tabletas. Recuperado de https://goo.gl/ZXrsh5

Fombona, J. & Roza, P. (2016). Uso de los dispositivos móviles en Educación Infantil. *Edmetic (5)* 2.58-181. Recuperado de https://goo.gl/MPDxGj

Fokides, E., & Atsikpasi, P. (2017). Redefining the Framework for Teaching Programming to Primary School Students: Results from Three Pilot Projects, *British Journal of Education, Society & Behavioural Science*, 20 (Issue 3), pp. 1-11. Doi: https://doi.org/10.9734/BJESBS/2017/33520

García-Galera, M. C. (2008). La tecnología móvil en la infancia y adolescencia: usos, influencias y responsabilidades. Recuperado de https://goo.gl/MWhnMy

Garmendia, M. Jiménez, E., Casado, M.A. y Mascheroni, G. (2016). *Net Children Go Mobile: Riesgos y oportunidades en internet y el uso de dispositivos móviles entre menores españoles (2010-2015)*. Madrid: Red.es/Universidad del País Vasco/Euskal Herriko Unibertsitatea.

Geser, H. (2004). *Towards a Sociological Theory of the Mobile Phone*, Swiss Online Publications in Social Siciendes. Recuperado de https://goo.gl/p4eRJP

Haddon, L., & Vincent, J., (2014). *European children and their carers' understanding of use, risks and safety issues relating to convergent mobile media*. Milano: Educatt.

Hardell L. (2018). Effects of Mobile Phones on Children's and Adolescents' Health: A Commentary, Child Dev. 89(1):137-140. doi: 10.1111/cdev.12831.

Holloway, D., Green, L., Livingstone, S. (2013). *Zero to Eight: Young Children and Their Internet Use*. LSE, London: EU Kids Online. Recuperado de https://goo.gl/SvtmiU

Instituto Nacional de Tecnologías de la Comunicación, INTECO (2009). Estudio sobre hábitos seguros en el uso de las TIC por niños y adolescentes y e-confianza de sus padres.

Ortega, I.; Soto, I., & Cerdán, C. (2016). Generación Z: el último salto generacional. Deusto: Bussiness school. Universidad de Deusto.

JRC (2015). *Young children and digital technology: A qualitative exploratory study;* 2015-2nd. Recuperado de https://goo.gl/SWHci9

Lai, A. F., Lai, H. Y., Chuang, W. H. & Wu, Z. H. (2015). Developing a mobile learning management system for outdoors nature science activities based on 5e learning cycle. Paper presented at the International Conference e-Learning, Las Palmas de Gran Canaria, Spain.

Longworth, N. (2005). El aprendizaje a lo largo de la vida en la práctica. Barcelona: Paidós.

Marsh. J. (2014) The relationship between online and offline play: Friendship and exclusion. In A. Burn and C. Richards. (eds). *Children's Games in the New Media Age.* London: Ashgate.

Mascheroni, G., Murru, M.F., Aristodemou, E., & Laouris, Y. (2013). Parents. Mediation, self-regulation and co-regulation. In B. O'Neill, E. Staksrud, & S. McLaughlin (eds.) Towards a better internet for children? Policy pillars, players and paradoxes(pp. 211-225). Göteborg: Nordicom.

Mascheroni, G., & Ólafsson, K., (2014). *Net Children Go Mobile: cross-national comparisons.* Milano: Educatt.

Navarro, H., González, Z., Massana, E., García I., Contreras R. S., & Piñero, J. C. (2011). *Pantalles, continguts i usuaris. Panorama de la convergencia medatica digital els continguts i el consuma Catalunya.* Barcelona: Consell de l'Áudiovisual de Catalunya.

Ofcom (2014). *Children and Parents: Media Use and Attitudes Report.* London: Office of Communications. Recuperado de https://goo.gl/JapN3J

Pediathrics (2014). Patterns of Mobile Device Use by Caregivers and Children During Meals in Fast Food Restaurants. Recuperado de Doi: 10.1542/peds.2013-3703

Plowman L., Stevenson O., Stephen C. & McPake J. (2012) Preschool children's learning with technology at home. *Computers & Education* 59 (1) 30-37.

Plowman L. & McPake J. (2013) Seven myths about young children and technology. *Childhood Education* 89 (1) 27-33.

Roca, G. (Coord.) (2015) *Las nuevas tecnologías en niños y adolescentes. Guía para educar saludablemente en una sociedad digital.* Barcelona: Hospital Sant Joan de Déu. Recuperado de https://goo.gl/CqgSZK

Romero, R. (2005). Nuevas tecnologías en Educación Infantil. El rincón del ordenador. Sevilla: Editorial MAD.

Telefónica (2016). Informe de la Sociedad de la Información en España (SDIE). Recuperado de https://goo.gl/amHdQX

UNICEF (2017). Estado Mundial de la Infancia 2017. Niños en un mundo digital. Recuperado de https://goo.gl/n8AWod

Vittrup, B., Sharla, K. R. y Rippy, J. (2016). Parental perceptions of the role of media and technology in their young children's lives, *Journal of Early Childhood Research*, 14 (1), 43-54.

Capítulo II

ALFABETIZACIÓN DIGITAL CON SMARTPHONES, UN MEDIO PARA REDUCIR LA SOLEDAD EN LOS MAYORES

Dra. Marta Sánchez Esparza
Universidad Internacional de la Rioja, España

Resumen

El presente trabajo profundiza en el problema de la soledad, que se ha convertido en una auténtica lacra para los países occidentales, paradójicamente sustentados en el modelo económico del Estado del Bienestar. En Reino Unido la situación de soledad que padecen 9 millones de personas ha sido asumida ya por el Gobierno como una prioridad, creando por vez primera en la historia un ministerio especifico destinado a luchar contra esta problemática. La radiografía de la soledad no es menos alarmante en el resto del continente europeo, ni en otros países occidentales. El colectivo más propenso a sufrir esta epidemia es el de las personas mayores, que en España alcanzan casi los 8,5 millones, algo más del 18,1% de la población del país.
En este contexto cobran especial importancia todas las iniciativas dirigidas a paliar la soledad de la tercera edad, ya sea mediante iniciativas de acompañamiento o mediante el uso de herramientas informáticas y nuevas tecnologías. Esta investigación recoge una experiencia llevada a cabo por la Fundación Harena, entidad que trabaja desde hace una década por reducir la soledad de las personas mayores. Se trata del proyecto Soledad 0 - Vida 10, desarrollado en colaboración con la Fundación Vodafone España. Su objetivo es reducir la brecha digital que existe entre estas personas y los miembros de otras generaciones, y lograr que se comuniquen con familiares y amigos de manera más fluida mediante el uso de los Smartphone. Se recogen y describen los planes de acción que durante una década han logrado aminorar este problema en unas 12.000 personas de Málaga, mediante voluntariado de acompañamiento y el desarrollo sistemático de programas de alfabetización digital para este colectivo. Los resultados evidencian que las personas beneficiadas por este programa han logrado emplear las herramientas digitales para mantener relaciones más fluidas con su entorno familiar y social.

Palabras claves

Alfabetización digital, Smartphone, mayores, sociedad, estado de bienestar

1. Introducción: El problema de la soledad

El problema de la soledad se ha convertido en una auténtica lacra para los países occidentales, paradójicamente sustentados en el modelo económico del Estado del Bienestar. En Reino Unido la situación de soledad que padecen 9 millones de personas ha sido asumida ya por el Gobierno como una prioridad, creando por vez primera en la historia un ministerio específico destinado a luchar contra esta problemática[1].

Los informes que han llevado al Gobierno británico a considerar la soledad como un problema de Estado revelan que hasta 200.000 personas mayores en Reino Unido no han tenido una conversación con un amigo o un familiar en más de un mes. También señalan que la soledad está asociada a enfermedades cardiovasculares, demencia, depresión y ansiedad, y puede ser tan perjudicial para la salud como fumar 15 cigarrillos al día. La soledad no es, pues, un problema que afecte al ámbito privado, sino un problema social y sanitario que es necesario abordar.

La radiografía de la soledad no es menos alarmante en el resto del continente europeo, ni en otros países occidentales. Según una encuesta elaborada por Eurostat (Oficina Europea de Estadística) en 2017, el 6% de la población europea no puede pedir ayuda a nadie o no tiene con quién hablar de sus problemas personales[2]. En la Unión Europea contamos con 30 millones de personas aisladas.

En Italia, Luxemburgo y Francia, los porcentajes de personas que no pueden pedir ayuda a nadie –familiar o vecino- se elevan hasta casi el doble de la media europea. Parece lógico que en muchos ámbitos políticos, mediáticos e institucionales se haya bautizado ya a la soledad como la epidemia del primer mundo.

El colectivo más propenso a sufrir esta epidemia de la soledad es el de las personas mayores, que en España alcanzan casi los 8,5 millones, algo más del 18,1% de la población del país. En España, y según datos del INE (Instituto Nacional de Estadística) del año 2016, 4.638.300 personas viven solas, y de ellas casi 2 millones (1.933.300, es decir, 41,7%) tiene 65 o más años. El 70,7% de estas personas además son mujeres (1.367.400), sin duda las principales perjudicadas por la soledad. Para el año 2050, según datos de Naciones Unidas, España puede ser uno de los países más envejecido del mundo, con un índice del 32% sobre el total de la población. La esperanza de vida ha pasado ya de los 63,9 a los 78,8 años.

---

[2] *La soledad, un mal contemporáneo mundial que en Reino Unido ahora es un asunto de Estado'*, en http://www.bbc.com/mundo/noticias-42723066

[2] Estudio de la Oficina Europea de Estadística (Eurostat) de junio de 2017. *Do Europeans feel lonely?* En http://ec.europa.eu/eurostat/en/web/products-eurostat-news/-/DDN-20170628-1

En este contexto cobran especial importancia las iniciativas dirigidas a paliar la soledad de las personas mayores, ya sea mediante acciones de acompañamiento o mediante el uso de herramientas informáticas y nuevas tecnologías. Y no es arriesgado afirmar que el papel de ONG y fundaciones es privilegiado: gracias a su carácter local y cercano a la realidad cotidiana, favorecen la inclusión social de las personas que viven en situaciones de marginalidad o próximas a ella; y se erigen en interlocutoras necesarias y fundamentales para sumar los esfuerzos llevados a cabo por las instituciones públicas.

2. Objetivos generales y específicos

Esta investigación se enmarca en el I*+D donde uno de los objetivos contempla "detectar la presencia de experiencias formativas en el desarrollo de la competencia mediática en colectivos ciudadanos, vinculadas al aprendizaje a través de dispositivos móviles, para extraer perfiles de prácticas innovadoras".

Con el presente trabajo nos proponemos concretamente mostrar el eficaz papel de las fundaciones sin ánimo de lucro en la alfabetización digital con Smartphone como medio para reducir la soledad en los mayores.

Como objetivos específicos planteamos:

1. Reflexionar sobre la necesidad creciente de alfabetización digital en las personas mayores y el papel que desarrollan en este sentido las fundaciones españolas.

2. Presentar el caso de la Fundación Harena y su proyecto "No hay edad para aprender, ¡digitalízate!" como experiencia innovadora.

3. Evaluar los resultados en cuanto a ruptura de barreras de comunicación y favorecimiento del sentimiento de utilidad en los mayores que han participado en dicho proyecto a través de 47 talleres impartidos en el año 2017.

3. Método y desarrollo del trabajo

Para la consecución de estos objetivos se efectuó primeramente una búsqueda documental para elaborar una reflexión y marco sobre la necesidad de iniciativas que desde la sociedad civil se encaminen a aminorar la soledad, la brecha digital y promover el envejecimiento activo.

Como trabajo de campo se presenta una recopilación y descripción de las acciones formativas que en este sentido y a lo largo de 10 años ha realizado la Fundación Harena con la Tercera Edad; se analiza el contenido del proyecto del año 2017, esto es, 47 talleres impartidos en la provincia de Málaga a 1362 personas, y finalmente se evalúan los resultados en cuanto a ruptura de barreras de comunicación y aumento del sentimiento de utilidad en los mayores que han participado en dichos talleres.

3.1. Alfabetización digital en las personas mayores: una necesidad creciente

Desde comienzos del presente siglo han proliferado iniciativas dirigidas a paliar la soledad de las personas mayores, ya sea mediante acciones de acompañamiento o mediante el uso de herramientas informáticas y nuevas tecnologías. En concreto adquiere enorme relevancia el llamado "envejecimiento activo", entendido como el proceso de optimización de las oportunidades de salud, participación y seguridad para la mejora de la calidad de vida a medida que las personas envejecen (OMS, 2002). Este proceso de optimización de oportunidades está encaminado a la construcción de una sociedad para todas las edades, donde se eliminen las barreras para la independencia de las personas de edad y se fomente una participación social plena (Sánchez Martínez y Hatton-Yeo, 2012).

En dicho proceso cobran especial preeminencia las TICs, en tanto que constituyen una herramienta clave para una sociedad más cohesionada e inclusiva (Plaza et altres, 2011). La falta de acceso a las TICs o su desconocimiento es, de hecho, una de las principales causas de la brecha digital de carácter generacional detectada en nuestra sociedad.

La conectividad de las personas mayores es en España escasa en relación con otras franjas de edad. De hecho, mientras que internet es una herramienta prácticamente universal entre las personas menores de 45 años, entre las personas mayores de 65 el porcentaje de usuarios desciende hasta el 20,6%, según el último informe publicado por el IMSERSO ('Informe 2016. Las personas mayores en España. Datos estadísticos estatales y por comunidades autónomas'. Edita IMSERSO, Madrid 2017). Los datos de 2017 recabados por el INE elevan este porcentaje hasta el 24%.

Así, aunque las personas mayores van incorporándose al mundo de las tecnologías de la información de manera creciente, aún es escaso el uso de internet entre los miembros de este colectivo. Según la encuesta sobre equipamiento y usos de las tecnologías de la información que elabora el INE, el acceso de las personas mayores a las nuevas tecnologías se ha incrementado en más de un 85% en los últimos años. Según este estudio, el móvil es la principal vía de entrada a las TICs, principalmente a través de aplicaciones móviles.

En cuento a las competencias mediáticas, éstas se reducen considerablemente en las personas mayores de 55 años, en mayor medida en las que poseen menor nivel de ingresos (Román-García, S., Almansa-Martínez, A., & Cruz-Díaz, M.R., 2016).

Los estudios revelan que existen una brecha en el uso de contenidos mediáticos y especialmente digitales. Para superar la mencionada brecha digital y promover el envejecimiento activo la tecnología móvil presenta grandes potencialidades. La percepción de seguridad, ligada a estos dispositivos, y sus posibilidades de personalización constituyen una oportunidad para limitar la brecha digital y lograr una sociedad para todas las edades. Como afirma Martínez-Piñero (2015), los Smartphone están cada vez más presentes en los bolsillos de los mayores, y con éstos un universo de aplicaciones y funcionalidades que pueden mejorar su calidad de vida en el sentido más amplio.

3.2. Las fundaciones y la alfabetización digital. El proyecto Soledad 0 - Vida 10 de Fundación Harena

Es encomiable la labor de fundaciones sin ánimo de lucro, en general nacidas desde la propia sociedad civil, que lideran procesos de lucha por una sociedad más justa y democrática. La Asociación Española de Fundaciones (AEF) tiene registradas más de 13.000 fundaciones en nuestro país, aunque no llegan a 9.000 las que mantienen algún tipo de actividad. De éstas no llegan al 13% las que tienen como beneficiario al colectivo de la Tercera Edad. Son pocas en número, en relación con el conjunto, las fundaciones que se dedican específicamente a las personas mayores (Fuente: web de la AEF: http://www.fundaciones.org).

Muchas de estas fundaciones tienen entre sus objetivos la asistencia ante determinadas enfermedades, la ayuda frente a los diferentes procesos de envejecimiento, o el acompañamiento frente a la soledad. Pero apenas existen fundaciones que destinen esfuerzos específicamente a salvar la brecha digital que separa a las personas mayores del resto de generaciones, y les aboca al aislamiento digital, agudizando su soledad y su exclusión social.

En este sentido el proyecto Soledad 0 - Vida 10 de la Fundación Harena - una entidad que trabaja desde hace una década por reducir la soledad de las personas mayores-, ha logrado aminorar este problema en 12.550 personas de la provincia de Málaga durante la última década, mediante voluntariado de acompañamiento y el desarrollo sistemático de programas de alfabetización digital para este colectivo, con el objetivo de reducir la brecha digital que existe entre estas personas y los miembros de otras generaciones, y de lograr que se comuniquen con familiares y amigos de manera más fluida mediante el uso de los Smartphone.

El proyecto ha organizado ya talleres en Málaga capital y en 85 municipios de la provincia, gracias al apoyo de diferentes instituciones públicas como la Diputación Provincial de Málaga, y de entidades privadas que han colaborado con estas iniciativas, como la Fundación Vodafone España. Ésta última lleva desde 2005 desarrollando un ambicioso proyecto para capacitar a las personas mayores en competencias digitales. Para ello ha elaborado y distribuido guías didácticas, vídeos distribuidos a través de diversos canales y redes sociales, y herramientas tales como apps accesibles, que salen al paso de diferentes tipos de deficiencias aprovechando la tecnología para superarlas.

Durante el año 2017 las acciones formativas desarrolladas responden al programa de alfabetización digital para adultos titulado "No hay edad para aprender, digitalízate" en su V edición, en el que los autores de este estudio han participado como docentes, y que describimos a continuación.

3.3. Proyecto de formación de mayores "No hay edad para aprender, digitalízate"

Durante el año 2017 se han impartido 40 talleres en municipios de la provincia de Málaga y 7 talleres realizados en Málaga capital en los que se han formado 1.362 personas en el manejo y uso del Smartphone (Anexo 1).

Imagen 1. Impartición de un taller en Málaga. Fuente: Fundación Harena

Los objetivos generales del proyecto persiguen, por un lado prevenir el aislamiento social del mayor estableciendo nuevas relaciones interpersonales a través del uso de las TIC; por otro, reducir la brecha digital existente entre el colectivo de las personas mayores.

La metodología es eminentemente práctica. El docente determina el nivel del alumnado al principio de cada sesión para establecer el punto de partida y los aspectos más motivadores para ellos. A partir de ahí, el taller se desarrolla en base a los materiales didácticos siguientes:

1. Guía de Smartphone, que incluye los siguientes capítulos:

---

1. ¿Qué es un smartphone?

---

2. ¿Cómo es un smartphone?

---

3. Encender el smartphone

---

4. Iconos de pantalla

---

5. Llamar

---

6. Recibir llamadas

---

7. Guardar números en la agenda de contactos

---

8. Escribir mensajes

---

9. Hacer fotos y video

---

10. Conectarse a Internet

---

11. Acceso a Internet

---

12. Descargar e instalar aplicaciones

---

13. Desinstalar aplicaciones ya instaladas

---

14. Aplicaciones recomendadas: especial hincapié en las Appsccesibles, desarrolladas por Fundación Vodafone

---

2. **Vídeos explicativos sobre uso del Smartphone de la Fundación Vodafone España**, en los que se explican los contenidos de una manera más visual, lo que favorece la adquisición de conocimientos por parte de los usuarios. Los temas de algunos de los vídeos más populares entre las personas que asisten a los talleres son los que siguen:

- Cómo conectarse a internet
- Cómo descargarse aplicaciones desde Google Play
- La configuración del correo en el Smartphone
- Guía Smartphone

3. Tutoriales formativos sobre el uso del WhatsApp, que es una de las aplicaciones más utilizadas por las personas mayores, junto con el Facebook.

4. Resultados

Para evaluar la incidencia de los talleres en las personas mayores asistentes se elaboró y distribuyó un cuestionario de satisfacción, que arrojó unas respuestas muy positivas en relación al aprendizaje y utilidad que las sesiones habían supuesto para los asistentes. A continuación se exponen algunos resultados a la luz de esa evaluación:

- El grado de satisfacción de los talleres es muy alto: el 95% de los mayores encuestados consideró el contenido 'muy útil' para su vida diaria.

- Para el 100% de los asistentes las sesiones significaron un cambio 'muy grande o grande' en su forma de utilizar el Smartphone.

- El 90% señaló que lo aprendido en las clases iba a mejorar su forma de relacionarse con otras personas.

- De lo aprendido, la mayoría valora sobre todo la posibilidad de usar la cámara, compartir vídeos y fotos, darle mejor uso a WhatsApp o descargar aplicaciones de Google Play.

- Los asistentes entendieron con facilidad los contenidos, gracias al material didáctico empleado.

- Muchos afirman que desearían más horas de clases.

- Algunas de las respuestas aluden a las nuevas posibilidades de compartir contenidos con la familia y el entorno más inmediato (amigos, vecinos) que se les han abierto tras los talleres.

Imagen 2. Alumnas de un taller sobre Smartphone en Málaga. Fuente: Fundación Harena

5. Conclusiones y Discusión

El estudio del proyecto llevado a cabo por la Fundación Harena y los resultados obtenidos llevan a una serie de conclusiones:

1. El programa de alfabetización digital mediante el uso de los Smartphone mejora la accesibilidad universal a las nuevas tecnologías por parte de las personas mayores.

2. Este programa potencia el papel activo de las personas mayores en la sociedad, ampliando el círculo de sus relaciones y facilitándoles nuevos canales de comunicación y de interacción con personas, colectivos y medios de comunicación.

3. La alfabetización digital con Smartphone favorece el sentimiento de utilidad social de las personas mayores, que ven aumentadas sus habilidades, así como el número y la eficacia de las tareas que desarrollan.

4. Los talleres de alfabetización digital crean además nuevos espacios de encuentro entre los diferentes colectivos de la población.

De todo lo anterior se infiere que estos talleres de alfabetización digital contribuyen a paliar la soledad de las personas mayores, aunque cabe destacar la necesidad de que este tipo de iniciativas deriven o sean complementadas con actividades de socialización off line, no virtuales, que fortalezcan los lazos interpersonales de manera efectiva y real. No en vano autores como Bauman advierten de que "ninguna de las conexiones tecnológicas es lo suficientemente profunda como para romper nuestra soledad". Para Bauman, pese a que en la sociedad actual la mayoría de las personas viven inmersas en un entorno de constante comunicación, dicha comunicación es precaria y superficial, lo que convierte a estas personas en "seres solitarios en permanente contacto" (Berlanga, I., Gozálvez, V., Renés, P., & Aguaded, I., 2018).

Hace ya casi una década que Dominique Wolton se refería justamente a la "soledad interactiva" que crece a la sombra de Internet. Se trata de una idea que recoge también Bauman, y que matiza con nuevas reflexiones desde una mirada más actual. En ese contexto comunicativo, pese a los intercambios constantes de mensajes como prosumidores, la comunicación no supone un trato de calado con el otro, ni se da pie a un espacio de reflexión acerca de uno mismo y de las relaciones con los demás.

La vorágine de mensajes e interacciones tecnocomunicadas no responde a lo que Kaplún (1998) defendiera como auténtica comunicación, ni a lo que Habermas (1995) proclamara como diálogo, dado que no se promueven ni garantizan las condiciones para el mismo en nuestros actos comunicativos (libertad, simetría, respeto al otro como interlocutor válido, veracidad, búsqueda de consenso a partir del mejor argumento, etc.).

La reducción de la brecha digital es una necesidad de primer orden para la comunicación intergeneracional, y la ruptura del aislamiento en el que viven 4,6 millones de personas en España, casi dos millones de las cuales superan los 65 años de edad. Y en este sentido la labor de fundaciones y entidades sociales al servicio de la socialización digital de las personas mayores es altamente beneficiosa e incide directamente en el bienestar del colectivo de la tercera edad, rompiendo las situaciones de aislamiento.

Sin embargo, a las conclusiones de este trabajo hay que añadir que desde las entidades sociales y las instituciones debería trabajarse además en el desarrollo de proyectos complementarios que reforzasen los lazos personales de manera presencial y directa.

Internet no es la solución a todos los problemas humanos. Herramientas como los Smartphone pueden mejorar la comunicación y rebajar la brecha digital. Pero ni internet ni las nuevas herramientas de comunicación son un remedio absoluto frente a lacras como la de la soledad, un problema complejo con numerosas causas sociales, culturales y personales, que exige ser abordado desde diferentes perspectivas.

Referencias bibliográficas

Abad-Alcalá, L. (2014). Diseño de programas de e-inclusión para alfabetización mediática de personas mayores /Media Literacy for Older People facing the Digital Divide: The e-Inclusion Programmes Design. Revista Comunicar, 42, 21. https://doi.org/10.3916/C42-2014-17

Bauman, Z. (28-10-2017). *Especial Salvados*. La Sexta Televisión. Recuperado de https://goo.gl/5CGAQj

BBC News. La soledad, un mal contemporáneo mundial que en Reino Unido ahora es un asunto de Estado, *BBC News*. Recuperado de https://goo.gl/c2Jipz

Berlanga, I., Gozálvez, V., Renés, P., & Aguaded, I. (2018). Diez años de Smartphone. Un análisis semiótico-comunicacional del impacto social de la telefonía móvil. Aula Abierta (aceptado)

González, C. & Fanjul, C. (2018). Aplicaciones móviles para personas mayores: un estudio sobre su estrategia actual / Mobile applications for the elderly: a study of their current strategy, Aula Abierta, 477,1. https://doi.org/10.17811/rifie.47.1.2018.107-112

Martínez-Rolán, X. & Piñero-Otero, T. (2014). Tipología y funcionalidades de las aplicaciones móviles para mayores. A un tap del envejecimiento activo. *Ámbitos*. Recuperado de: https://goo.gl/YVaqCU

Oficina Europea de Estadística (2017). Do Europeans feel lonely? Publicado en Eurostat News. Recuperado de https://goo.gl/7YJYMc

Parales, C. J.; Dulcey, E. (2002): La construcción social del envejecimiento y de la vejez: un análisis discursivo en prensa escrita. Revista Latinoamericana de Psicología vol. 34, n° 1/2, pp.107-121.

Plaza, I.; Martín, L.; Martín, S; Medrano, C. (2011): Mobile applications in an aging society: Status and trends. Journal of Systems and Software , vol. 84, n° 11, pp.1977-1988.

Román-García, S., Almansa-Martínez, A., & Cruz-Díaz, M.R. (2016). Adultos y mayores frente a las TIC. La competencia mediática de los inmigrantes digitales /Adults and Elders and their use of ICTs. Media Competence of Digital Immigrants. Revista Comunicar, 49. https://doi.org/10.3916/C49-2016-10

Sánchez, M.; Hatton-Yeo, A. (2012): Active Ageing and Intergenerational Solidarity in Europe: A Conceptual Reappraisal from a Critical Perspective. Journal of Intergenerational Relationships, vol. 10, n° 3, pp. 276-293.

Capítulo III

A QUEDA DO IMPÉRIO FACEBOOK: UMA ANÁLISE SOBRE OS MOTIVOS QUE LEVAM AO AFASTAMENTO DA REDE SOCIAL

Dr. Vania Baldi

Universidade de Aveiro – Digital Media and Interaction Centre
Eliza Ribeiro de Oliveira

Universidade de Aveiro – Doutoranda em Informação e Comunicação em Plataformas Digitais

Resumo

A irrupção das tecnologias da informação em nossa vida quotidiana abriu caminhos nas maneiras de organizarmos a sociabilidade, formação, profissão, assim como na (auto)perceção psicossocial e cognição espaciotemporal. Essas irrupções correspondem a um conjunto de transformações sociais dentro das quais as inovações tecnológicas desempenharam um papel importante, a partir de uma mediamorfose assente na convergência dos media, na qual os dispositivos móveis e as plataformas de redes sociais protagonizam a produção e consumo da comunicação online. Neste cenário destaca-se o Facebook, com mais de 2 bilhões de utilizadores. O facto de o Facebook apresentar versões para dispositivos móveis garante o acesso ubíquo à sua plataforma, criando expetativas sociais e distrações, de modo que gera uma sensação de repetida e intermitente frustração. Nesse sentido, estudos se realizaram para testar as implicações psicossociais dum uso excessivo desses dispositivos em permanente conexão, nomeadamente, se comprovaram efeitos negativos da dependência do Facebook, como o surgimento de estresse e fadiga nos utilizadores. Neste contexto, apesar de ter um número extraordinário de utilizadores, o Facebook tem apresentado um declínio na quantidade de abertura de contas, no número de compartilhamentos e nas atualizações pessoais. Assim, este artigo tem o objetivo de analisar e interligar os estudos mais recentes sobre o "afastamento" do Facebook e apresentar os resultados de um inquérito que coletou a opinião de 57 pessoas sobre o rompimento com a rede social. Entre os principais motivos estão a insatisfação com os conteúdos a circularem pela rede, preocupações com a privacidade e consumo excessivo de tempo.

Palavras-chave

Facebook, TechnoStress, Privacidade, Dependência, Comportamento Info-comunicacional

1. As condições sociotécnicas do cansaço digital e do afastamento do Facebook

Há uns meses foi publicado na revista NeuroRegulation um artigo escrito pelos neurocientistas Erik Peper e Richard Harwey sobre *"Digital Addiction: increased loneliness, anxiety and depression"* (2018). Nesse artigo, cujo início frisa: *"Digital addiction is defined by the American Society for Addiction Medicine (ASAM) as well as the American Psychiatric Association (APA) as "... a primary, chronic disease of brain reward, motivation, memory, and related circuitry"*, afirma-se que o uso prolongado do smartphone estimule de forma semelhantes as mesmas áreas do cérebro estimuladas pelas drogas opiáceas gerando, da mesma forma que essas drogas, um senso de solidão, ansiedade e depressão.

O smartphone, segundo esta perspetiva, pode ser como uma droga que cria dependência e ter assim efeitos ambivalentes, alternando a passagem rápida entre diferentes estados emocionais, como fazer subir a adrenalina, gerar a sensação de saturação e esgotamento, para depois reiniciar um ciclo similar.

Falta, como sempre nos estudos desse tipo, uma análise dos contextos onde a utilização deste dispositivo se tornaria tóxico. Todavia, podemos assinalar desde já que os gadgets digitais são projetados e desenhados para serem usados/tocados/olhados o maior número de vezes possível (até 150 vezes por dia, cada seis minutos, assinalou um estudo da Nokia). Apesar de sabermos de existirem vários utilizadores com literacias, criatividade e senso crítico na maneira de lidar com as tecnologias digitais, também é verdade que temos dados suficientes para afirmar que em alguns casos existe uma vulnerabilidade psicológica, cultural e familiar na maneira de integrar tais dispositivos e conteúdos digitais na própria rotina quotidiana.

O desenvolvimento de novas soluções tecnológicas para dispositivos móveis deu origem a uma gama de Apps que fomentam o despertar de novos apegos dos seus utilizadores, consolidando a cultura do *everywhere/everytime*. Trata-se do impulso em verificar constantemente notificações e de se deparar com as tentativas das redes sociais de capturar a atenção através solicitações automatizadas de vária natureza. Trata-se do hábito de controlar/visitar o YouTube, Facebook ou Twitter (e naturalmente as caixas de mensagens instantâneas) por apenas alguns segundos ou minutos, repetindo a mesma ação só uns minutos depois. É uma sensação de urgência que se sente ao longo do dia, mas que quase não é percebida como sintomática de algo problemático (Eyal, 2014).

Uma explicação de tal fenómeno reside na projetação realizada pelos designers das várias interfaces interativas, que como referimos visa para uma relação de constante manuseamento e, nas palavras dum designer da Google[3], de "intermittent variable rewards" (T. Harris, 2016). O nosso smartphone seria, nas palavras do designer, como uma *slot machine*, cuja os resultados intermitentes e sempre variáveis nos tornam dependentes das suas notificações. A sociologia dos novos media não pode esquecer a força da *affordance* (cunhada pelo psicólogo da perceção James J. Gibson no seu livro seminal de 1979, *The Ecological Approach to Visual Perception*), exercida pelos dispositivos digitais.

Nesse sentido, mais uma vez vale a pena referir que, conforme outros estudos, sessenta e um por cento dos proprietários de smartphones controlam o dispositivo após um intervalo de somente cinco minutos depois de acordar todas as manhãs (BGR News, 2016). De acordo com uma pesquisa da Deloitte, um terço dos adultos do Reino unido conferem os seus smartphones no meio da noite (Ring, 2016). Mais surpreendente do que isso talvez seja a informação de que um terço dos americanos dizem que preferem abandonar o sexo do que perder seus celulares (TeleNav, 2011).

Num contexto em que a utilização dos dispositivos digitais torna-se, em primeiro lugar, uma relação compulsória com o objeto em si e com uma finalidade alheia à normal comunicação interpessoal, num cenário socio-técnico onde as formas de comunicação ocorrem em um grande número de vezes nas redes sociais, as quais têm como propósito basilar a criação de tráfego de dados online e nas quais as interações ficam presas muitas vezes num constante *feedback loops* entre *clicks* e *likes*, fica importante cruzar as perspetivas de análise para elucidar sobre os curto-circuitos entre práticas digitais individuais e consequente cultura relacional.

Tais social networks, portanto, têm revolucionado as condições objetivas (e ver-se-á subjetivas) dos relacionamentos interpessoais, uma vez que o número de utilizadores a partilharem informações em rede tem aumentado exponencialmente e que tais partilhas dão origem à criação de hábitos info-comunicacionais baseados na manutenção de laços de amizade consolidados e no reforço de correspondências entre perfis com afinidades socioculturais (Stieglitz & Dang-Xuan, 2013).

O tempo gasto nas redes sociais e a possível interação e difusão das comunicações entre os utilizadores destas plataformas torna-se um fascinante cenário de publicidade para as empresas, as quais tentam aproveitar desse contexto para (além de angariar dados) promoverem seus produtos através estratégias de personalização e virilização de mensagens para capturar a atenção.

---

[3] How Technology is Hijacking Your Mind—from a Magician and Google Design Ethicist, 2016. Retrieved from: https://medium.com/thrive-global/how-technology-hijacks-peoples-minds-from-a-magician-and-google-s-design-ethicist-56d62ef5edf3

O protagonista absoluto desse cenário até agora esboçado é o Facebook (FB), com os seus inúmeros serviços, conseguindo em 2017 mais de dois bilhões de contas (Guynn, 2017). Adicionalmente, sabemos que os seus utilizadores passam uma média de 50 minutos por dia na rede social, realizando diferentes ações como compartilhamento de fotos, atualização de seus status ou apenas fazendo *scrolling* na *timeline* (Eyal, 2014). Os utilizadores do Facebook variam entre as mais diversas idades e culturas, abrangendo públicos com mais de 70 línguas diferentes, com diferentes níveis de *expertise* e expectativas no que se refere ao contato através da rede social. Além disso, mais da metade dos utentes ativos do Facebook fazem *login* todos os dias e interagem com mais de 900 milhões de objetos digitais, como páginas, eventos e grupos (Chilana, 2012).

Este cenário traduz claramente uma cultura infocomunicacional, condicionada por razões sociotécnicas e comerciais, que reflete a complexa gestão das relações e do conhecimento digitalmente mediado pelas companhias como Facebook. Não seria possível compreender esta complexidade sem considerar o cerne do negócio do Facebook, isto é, promover relações e partilha de conteúdos para gerar dados, criar perfis psicossociais e os vender para empresas com diferentes finalidades. Para estas companhias é vital que o utilizador não desligue e registre a sua atividade frequentemente.

O facto de o Facebook apresentar versões para dispositivos móveis garante, como já referido, o acesso em qualquer momento ou local com internet, tornando o sujeito um nó de solicitações e notificações criadoras de expetativas sociais e inúmeras distrações relacionadas com a tentativa de capturar a atenção por parte da rede social. Não obstante, esta condição dá início a uma série de contínuas frustrações. Tendo isso em vista, muitos são os estudos nos quais se comprovam alguns efeitos negativos do uso excessivo do Facebook, nomeadamente o surgimento de estresse e de fadiga nos utilizadores que estão em constante contato com a rede (Ravindran, T et al., 2014).

Desse modo, mesmo ficando no topo do ranking em termos de número de utilizadores, o Facebook tem apresentado um declínio, tanto no número de pessoas associadas à rede, quanto no número de compartilhamento de *posts* e atualizações pessoais (Frier, 2017; Griffith, 2016). Uma pesquisa realizada pela empresa EMarketer prevê que 14,5 milhões de pessoas entre os 12 a 17 anos usaram o FB em 2017, apresentando uma queda de 3,4% com relação ao ano anterior (Frier, 2017). De acordo com um relatório da "The Information", o FB tem lutado para conseguir reverter um declínio de 21% de compartilhamentos originais em 2016 (Efrati, 2016). Adicionalmente, segundo a Forbes Magazine, o envolvimento do utilizador em 2016 foi inferior aos níveis de 2015, apresentando uma queda de 15,14% no envolvimento em publicações. A revista também publicou outras métricas que comprovam um declínio com relação ao engajamento dos participantes em

2016: 7,87% na diminuição de *likes* por publicação; 37,47% menos comentários por publicação e queda de 27,8% nas ações em postagens (Armstrong, 2017). Ainda, a Global Web Index apontou um decréscimo de 9% nos *logins* realizados em 2015, sendo que o Snapchat é a rede social mais popular entre os adolescentes (Globalweb Index, 2015). Em uma pesquisa com 1600 leitores realizada pela Quartz, em 2017, apenas 19% dos norte americanos sentem confiança no FB, sendo que este número se estende a 21% quando agrega pessoas de outras nacionalidades.

Tendo em vista este cenário, o presente artigo tem o objetivo de analisar e interligar os estudos recentes sobre o "cansaço" e "afastamento" do Facebook e apresentar os resultados de um inquérito online que coletou a opinião de 57 pessoas de diversas idades sobre o rompimento com a rede social. A segunda parte da discussão será realizada a partir das respostas ao inquérito, sendo outorgada uma maior relevância no aspeto relacionado ao estresse ocasionado pelo uso do Facebook, o qual envolve não só os aspetos tecnológicos e informativos, mas também os aspectos sociais e de uso excessivo da rede social (Maier et al., 2015). Para isso, anteriormente será apresentado o estado da arte no que respeita aos estudos sobre os motivos do uso descontínuo (ou afastamento) do FB, assim como os efeitos do uso da rede social nos utilizadores.

2. Estado da arte sobre o uso excessivo e descontínuo do Facebook

O crescimento incomum em pouco tempo do FB tem chamado atenção dos pesquisadores, de modo que muitas são as pesquisas destinadas ao estudo do comportamento humano em todas as fases do ciclo de vida da rede social as quais são a adoção, ou início de uso do sistema, uso contínuo do sistema e a fase terminal, na qual o utilizador deixa de utilizar o sistema por algum motivo (Maier et al., 2015).

No que refere à terceira fase do ciclo de vida das redes sociais (desistência/eliminação/desativação/deleção/uso descontínuo), estudos que abordam a desistência do uso do Facebook por professores universitários apontaram que a construção da confiança entre os casais é uma barreira que a rede social apresenta, constituindo-se como uma das causas para a eliminação das contas. Entretanto, apesar dos professores muitas vezes estarem insatisfeitos com FB, o uso instrutivo pelas universidades e a pressão dos pares são motivos que levam à permanência na rede social (Dindar & Akbulut, 2014).

Adicionalmente, uma das pesquisas concluiu que a retirada das redes está relacionada à experiências prévias e suas consequências (por exemplo, vício pela rede social, sentimento de culpa, insatisfação com os sites e sentimento de auto-eficácia) (Turel & Serenko, 2012). Outro estudo considerou o uso descontínuo como estratégia de enfrentamento dos utilizadores em relação ao estresse resultante do esgotamento causado pela sobrecarga social e emocional na rede social (Maier et al., 2015). Neste estudo, Maier e colaboradores, ao citarem Ragu-Nathan (2008), definem a palavra "technostress" como: "A experiência de estresse de um utilizador ao utilizar determinada tecnologia". O mesmo estudo ainda afirma que os utilizadores são estressados por tecnostressores, os quais podem ser representados por estímulos, eventos ou demandas induzidos pela tecnologia, incluindo preocupações e sentimentos negativos. Neste ponto importa ressaltar que a reação à exaustão tecnológica causada devido ao uso do sistema (no caso a rede social Facebook) é quase sempre associada ao uso descontínuo da rede social (Maier et al., 2015).

Maier et al. (2014) concluiu em suas pesquisas que uma das causas do estresse originado a partir do uso do Facebook é a sobrecarga social que pode estar associada, de acordo com o autor, ao cuidado com o bem-estar dos amigos na rede, preocupação com os problemas expostos pelos amigos, sentimento de responsabilidade pela diversão dos amigos na rede, importância demasiada aos *posts* dos amigos, excesso de tempo no FB e grande número de amigos na rede. Além disso, foi comprovado que indivíduos experimentam sobrecarga social com mais frequência quando têm mais amigos somente online, ou seja, contatos que não fazem parte da rede offline do indivíduo. Esse cenário de estresse implica em um cansaço do Facebook pelos utilizadores, constituindo-se como causas de afastamento da rede social, de acordo com o autor (Maier et al., 2014). A este cenário vale a pena citar Almansa (2013) a qual afirma que, para os jovens adolescentes de sua pesquisa em Espanha, ter amigos no Facebook significa muito mais do que ter uma lista de contatos. Significa o gerenciamento das relações de amizade em que a imagem é o que importa. Adicionalmente, através de entrevistas com jovens que utilizam o FB, os autores concluem que para esses adolescentes (que muitas vezes não tem idade legal para possuírem uma conta na rede social) o que importa é o número de amigos, não sendo necessário conhecê-los cara a cara. De fato, grande parte dos mesmos pensam que não irão conhecer pessoalmente muitos de seus amigos virtuais. Do mesmo modo os autores apontam que a vida social no FB é uma das maiores preocupações dos jovens entrevistados, que passam horas a fio na rede (Almansa et al., 2013).

Luqman et al. (2017) investigou as consequências negativas do uso excessivo do Facebook, mais especificamente como os usos sociais, cognitivos e hedônicos do Facebook induzem ao estresse e exaustão, influenciando assim a intenção de um indivíduo de renunciar voluntariamente ao uso do Facebook. A utilização (social, hedônica e cognitiva) excessiva do Facebook é também apresentada como fonte de estresse (technostress), resultando n'a decisão de sair do FB. Neste sentido, os resultados indicam que as consequências psicológicas e comportamentais provenientes do uso excessivo do FB acabam por ocasionar a interrupção ou redução do uso do Facebook (Luqman, 2017).

Revidran et al. (2014) introduziram o termo de "fadiga da rede social" ao abordarem sobre os sentimentos negativos de cansaço, tédio e estresse induzidos pelo uso de redes sociais, levando muitas vezes a comportamentos de uso descontínuo dos utilizadores. Neste estudo, Ravindram (2014), ao citar Coklar & Shahin (2011), define technostress como uma sub-dimensão do estresse que afeta os utilizadores de qualquer tipo de tecnologia, incluindo das redes sociais, sendo que a fadiga da rede social é específica para utilizadores de aplicações de redes sociais. Além disso, o autor afirma que a intensidade da experiência de fadiga é alterada ao longo de um contínuo que varia de uma experiência leve ou transitória a uma experiência mais grave, o que pode eventualmente resultar em burnout, ou seja, no estágio extremo de estresse que implica na decisão do utilizador de abandonar o ambiente que causa estresse (Ravindran, 2014). Já Acar (2012), comprovou que o desuso do Facebook está intimamente relacionado com os aspectos de privacidade, sendo a causa majoritária para a desistência do uso da rede social no Japão (Acar, 2012). Aqui vale ressaltar que quaisquer preocupações com a rede social contribuem para efeitos de estresse nos indivíduos que utilizam o FB. Neste sentido, preocupações com a privacidade são importantes causadores de estresse (Maier, 2014).

3. Métodos

Após a apresentação do estado da arte no que refere às causas do uso descontínuo do Facebook e as consequências do uso excessivo do mesmo, nesta seção será apresentada a metodologia empregada para a realização do estudo exploratório desenvolvido para ser apresentado neste artigo.

3.1 Estudo exploratório

Os dados deste estudo foram coletados a partir de um inquérito, ou survey exploratório, que tem como característica principal fornecer pistas para a realização de estudos futuros (Coutinho, 2016). Este estudo exploratório teve como objetivo principal questionar os motivos pelos quais as pessoas desativaram/desligaram ou têm vontade de desativar/desligar suas contas do FB. O inquérito foi realizado em língua lusófona, a partir de um questionário elaborado na ferramenta denominada "Google Forms" e apresenta uma estimativa de 5 a 10 minutos para ser respondido. A ferramenta está disponível gratuitamente na internet e permite a realização de questionários de diversos formatos e tipos4.

Com vista a evitar a ocorrência de dúvidas e de "não-respostas", o questionário foi elaborado de modo que as perguntas fossem diretas e sucintas. Neste sentido, o survey apresentou duas perguntas que trataram de questões com maior *grau* de importância neste primeiro momento, sendo uma pergunta aberta destinada à explicação dos motivos que levam ao rompimento com o FB (ou que levam a desejar o rompimento com a rede), e outra fechada, que questiona se os participantes sentem ou não a falta de utilizar a rede social (ou se sentiriam a falta de utilizar o FB).

No momento de responder ao questionário, os participantes tiveram que concordar com um formulário de consentimento informado para proceder com o inquérito online. Posteriormente, os sujeitos responderam a informações sobre o país/cidade em que vivem, sexo e se ainda têm conta (ou não) no FB. No caso de responderem que ainda tem contato com a rede, o questionário os direcionava para duas outras perguntas sendo uma aberta (Por favor explique os motivos que o levam a desejar desativar/eliminar a sua conta do Facebook:) e uma fechada com três opções (Com relação à utilização do Facebook: Acredito que sentirei muita falta de usar o Facebook; acredito que sentirei pouca falta de usar o Facebook e Acredito que não sentirei falta nenhuma de usar o Facebook). No caso de o participante afirmar que não frequenta mais a rede social, o mesmo foi direcionado a duas outras perguntas análogas às anteriores, sendo uma aberta e uma fechada que está relacionada à falta, ou não, de utilizar o FB, composta por três opções. Ao final do questionário as pessoas forneceram seus e-mails, para o caso de terem interesse em saber sobre os resultados da pesquisa.

3.2 Angariação e difusão

Para a captação dos participantes, em um primeiro momento importa identificar os critérios de inclusão e exclusão, que ajudam a determinar o perfil no qual a amostra será enquadrada. Neste sentido, os critérios de inclusão são: os participantes devem não utilizar o FB ou estarem na iminência de desativar a conta; ter conhecimento sobre a rede social o bastante para saberem responder as perguntas do questionário; e devem ser pessoas que possam responder ao questionário online. Entre os critérios de exclusão estão: pessoas que não têm interesse em desativar a conta do Facebook; pessoas que pensam em desativar, mas ainda não se encontram na iminência de o fazer; pessoas que nunca se associaram à rede; e pessoas que não possuem conhecimento sobre a rede social do FB.

---

4 Google Forms: https://www.google.com/forms/about/

Os participantes do *survey* foram recrutados de três modos diferentes: a partir de uma lista de conhecidos da pesquisadora, que não possuem conta ou já tenham desativado suas contas no FB; através de *mailing lists*, ou seja, a partir da disseminação do questionário para endereços de e-mail de pessoas que estão inseridas na base de dados de 10 listas de e-mails do Programa Doutoral em Informação e Comunicação em Plataformas Digitais, e na lista de e-mails do Departamento de Comunicação e Arte, da Universidade de Aveiro. Simultaneamente, a difusão ocorreu a partir do FB, através da conta pessoal da pesquisadora. O tempo de recolha dos dados provenientes dos questionários preenchidos foi de duas semanas.

3.3 Amostra

O número de pessoas que participaram da pesquisa e que, portanto, responderam o questionário foi 57, sendo em sua maioria do sexo feminino (63,2%), residentes em Portugal (50,8%), com uma média de idade de 34,39, que varia entre 18 a 66 anos. Também responderam ao inquérito sujeitos residentes no Brasil, Espanha, Áustria e no Reino Unido. Dentre os participantes que residem no Brasil, 10 responderam que moram em João Pessoa, 5 vivem em Belo Horizonte, 1 em Natal, 1 em Governador Mangabeira, 1 na cidade de Vilhena e 7 responderam que vivem no Brasil, sem especificações. Entre os moradores de Portugal, 13 vivem em Aveiro, 3 em Porto, 2 cm Braga, 1 em Águeda e 8 não especificaram sua localidade. Os outros três restantes vivem, respetivamente, na Áustria, Espanha e Reino Unido.

Entre os participantes, 42 pessoas, ou 73,3%, ainda têm o FB, enquanto 15 participantes, ou 26,7%, já desativaram a conta ou não possuem mais uma conta no Facebook. Das 42 pessoas que participaram e que ainda têm conta no FB, 28,6% afirmam que sentirão muita falta de utilizá-lo, 57,1% disseram que sentirão pouca falta e 14,3% acreditam que não sentirão nenhuma falta de utilizar a rede social. Das 15 pessoas que não frequentam o Facebook, 93,3% afirmam não sentir falta de fazer parte da rede, enquanto 6,7% dizem que sentem pouca falta do FB. As tabelas 1 e 2 mostram a lista de caracterização dos participantes.

Tabela 1. Perfil dos participantes

Sexo	f	%	Usam o FB	Não usam o FB
Fem	36	63,2	28 (77,7%)	8 (22,3%)
Masc.	21	36,8	14 (66,6%)	7 (33,3%)
Total	57	100	42 (73,3%)	15 (26,7%)

Tabela 2. Frequência, em %, de pessoas que sentem muita, pouca ou nenhuma falta do Facebook

Utilizam o FB			Não utilizam o FB		
Muita falta	Pouca falta	Nenhuma falta	Muita falta	Pouca falta	Nenhuma falta
28,6%	57,1%	14,3%	0%	6,7%	93,3%

4. Resultados do estudo exploratório

A análise qualitativa dos dados será apresentada em categorias e levou em consideração a divisão proposta por Stieger et al. (2013), o qual também realizou um inquérito online que incluiu 3 questionários validados e uma questão aberta relacionada às razões que levaram as pessoas a pararem de utilizar o FB. A partir dos dados, os autores dividiram as respostas dos participantes nas seguintes categorias: (1) o tratamento de dados pessoais através do Facebook (privacidade, por exemplo, questões de privacidade, proteção de dados, ética e venda de dados), (2) o sentimento de ficar viciado em Facebook (dependência, por exemplo, gastar muito tempo no Facebook), (3) aspetos negativos sobre os amigos do Facebook (amigos, por exemplo, se sentindo forçados a se comunicar, conversas superficiais, pressão social para adicionar amigos e amigos não são reais), (4) insatisfação geral com o Facebook (insatisfação geral, por exemplo, monopólio do Facebook, mudanças de design e perda de tempo), e (5) outras motivações inespecíficas (outros, por exemplo, interesse perdido, SPAM [e-mails não solicitados] e assédio). Entretanto, para ajustar aos dados qualitativos que emergiram no presente estudo, as categorias foram adaptadas, de acordo com o que foi encontrado nas respostas dos participantes. Tendo isso em vista, as categorias finais foram: 1) Preocupações com a privacidade (por exemplo, proteção de dados); 2) Tempo gasto no Facebook (sentimento de estar viciado); 3) Aspetos negativos sobre os amigos do Facebook (conversas superficiais e amigos não são reais); 4) Insatisfação com conteúdos publicados pela rede de amigos e conteúdos não desejados (assuntos pífios, preconceito e disseminação de discurso de raiva); 5) Emoções (sentimentos negativos emergidos através do uso do Facebook, por exemplo ansiedade, tristeza); 6) Obrigação no uso do Facebook (pressão dos amigos, pressão devido ao trabalho, pressão devido aos estudos) e 7) Falta de interesse e outros motivos, como falta de motivação.

Como as categorias previamente apresentadas não são mutuamente exclusivas, foi permitida a possibilidade de a resposta escrita por cada participante ser classificada em mais de uma categoria. Neste sentido, 40,35% dos participantes relataram que os motivos pelos quais as pessoas deixam de utilizar o FB está relacionado com a insatisfação geral com conteúdos publicados, seguido de 38,60% por motivos relacionados ao consumo excessivo de tempo, e 35,1% relacionado a preocupações com a privacidade. Simultaneamente, 15,8% afirmaram a falta de interesse pela rede social como causa do abandono, 14,03% relataram sentirem emoções negativas, como tristeza e ansiedade, 7,01% afirmaram que o FB se tornou uma obrigação e 5,2% abordaram a relações interpessoais como a causa para deixarem o FB. Entre as insatisfações com conteúdos, algumas pessoas enfatizaram a presença de publicações fúteis e que incentivam a violência. A este tópico importa acrescentar que dois dos participantes afirmaram terem migrado, ambos para o Instagram que, de acordo com os mesmos, é uma rede social menos intrusiva. Alguns exemplos de frases que exprimem os motivos relacionados às suas respetivas categorias podem ser encontrados na Tabela 3.

Não foi possível estabelecer uma relação direta entre a localidade das pessoas com as respostas, uma vez que em todos os locais os motivos relatados foram semelhantes em conteúdo e em frequência. Entretanto foi observado que o maior número de pessoas que afirmaram já não possuir contato com o FB estarem acima de 30 anos de idade, sendo apenas três pessoas abaixo desta idade.

Tabela 3. Exemplos de frases que foram apresentadas como motivos/causas para o afastamento do FB

Categorias	Exemplos de frases	Utiliza ou não o FB
Insatisfação com conteúdos	"...a veiculação de notícias de extrema violência e assuntos pífios, cada vez mais são compartilhadas e comentadas." (Participante 11).	Utiliza o FB
	"Excesso de informação e discursos cada dia mais raivosos entre os usuários." (Participante 53)	Não utilizam o FB
	"Utilização fútil generalizada. Poucos os utilizadores com conteúdos capazes." (Participante 38)	
Consumo de tempo/ sentimento de estar viciado no Facebook	"O Facebook consome muito tempo do meu dia, trazendo prejuízos para o meu cotidiano." (Participante 13)	Utiliza o FB
	"...na maioria das vezes perde-se muito tempo no Facebook. Fiquei com essa rede social desativada por mais de 4 meses e minha tese "andou." (Participante 26)	
Frases relacionadas à privacidade	"Exposição da minha vida particular." (Participante 1)	Utiliza o FB
	"A constante evolução do sistema do Facebook torna-se invasivo." (Participante 51)	
	"...não gostar de julgamento e intromissão na minha vida particular." (Participante 21)	
Sentimentos negativos	"Conteúdo pobre, me causava ansiedade." (Participante 2)	Não utiliza o FB
	"...dependendo do que é veiculado, gera stress e ansiedade." (Participante 26)	
	"...aumento do índice de depressão, ansiedade entre outras patologias, na sociedade como um todo." (Participante 11)	Utiliza o FB
Relações interpessoais	"Discordância com a minha rede de contatos." (Participante 21)	Utiliza o FB
	"Há a tendência para assumir que os amigos do FB são realmente amigos quando na verdade não tem nada a ver com amizade. No meu caso já até me causou dissabores." (Participante 12)	Não utiliza o FB
Obrigatoriedade	"Infelizmente para mim um total afastamento do facebook beira o impossível, uma vez que, trabalho com a produção de imagens, que na internet se tornam "conteúdo." (Participante 11)	Utiliza o FB
	"For me, Facebook was becoming a time consuming obligation." (Participante 9)	Não utiliza o FB
	muita coisa útil, como divulgação de eventos da minha área, periódicos que estão com submissão aberta e contatos com família, amigos e colegas de profissão (Participante 26)	Utiliza o FB

5. Análises e discussão

Nesta seção será apresentada uma análise dos resultados obtidos no estudo exploratório desenvolvido, tendo como base os estudos de Luqman et al. (2017) e de Maier et al. (2014), que abordaram respetivamente a exaustão e o estresse ocasionados pelo uso do Facebook.

No que refere à amostra, semelhantes motivos que levam ao afastamento do Facebook foram relatados por pessoas provenientes de diferentes nacionalidades. Do mesmo modo, não foram encontradas diferenças nos motivos relatados entre os diferentes gêneros, confirmando que as insatisfações ocorrem igualmente entre homens e mulheres.

Entre as respostas coletadas através do questionário, a maioria está relacionada com a insatisfação dos conteúdos produzidos na rede social, correspondendo a 40,35% das respostas. Entre os conteúdos mais indesejados relatados pelos participantes estão os relacionados com a violência, preconceito, futilidade, assuntos pífios e à falta de conteúdos que "valem a pena". Estes conteúdos foram frequentemente associados ao surgimento de emoções e sentimentos negativos, que acabam por levar à desistência de utilização do FB.

Adicionalmente, fatores relacionados com a qualidade das relações interpessoais foram já explicados como cruciais para a desistência do uso do FB (Dindar & Akbulul, 2014). No caso do presente trabalho, tanto as pessoas que já desativaram a conta quanto pessoas que ainda a estão por desativar, apontaram que as relações interpessoais são prejudicadas na rede, ocorrendo muitas vezes o pensamento equivocado de que os amigos no Facebook são verdadeiros amigos. Todavia não podemos esquecer completamente do aspeto positivo das redes sociais destacado por para Marta-Lazo (2013), uma vez que essas possibilitam uma sociabilidade primaria onde os jovens criam importantes laços sociais (Marta et al., 2013).

Não obstante, Maier et al. (2015) afirmam que quanto maior o número de amigos no Facebook, maior é a tendência do surgimento de technostress por parte dos utilizadores. Esse aspeto tem lógica, principalmente se considerarmos que quanto maior o aumento das solicitações conforme o número de amigos na rede maior será o número de *posts* e de eventos a serem analisados/respondidos/lidos/visualizados. Almansa (2013) chama a atenção para o surgimento de uma sociedade onde jovens com 13 anos de idade (ou menos), mesmo que legalmente proibidos de utilizarem o Facebook, apresentam contas ativas com o maior número de amigos possíveis, chegando a se associarem a pessoas desconhecidas na rede. Este cenário dá origem a uma exposição descontrolada das vidas particulares desses jovens, muitas vezes condicionada por comportamentos de vaidade, com publicação de fotos e indicação de sua localização a todo momento. Este comportamento comumente vem em conjunto com uma outra forma de dependência (também ela geradora de ansiedade), a dependência das reações dos amigos e de comentários alheios (Maier et al, 2014).

Com relação ao tempo de uso, um dos motivos mais apontados pelos utilizadores foi o consumo excessivo do tempo, sendo que o FB foi, inclusive, apontado como "viciante". O sentimento de estar viciado, ou de estar perdendo muito tempo, ou até mesmo de estar sendo prejudicado pelo uso do FB já foi previamente reportado por Stieger et al. (2013), o qual inferiu que este é um dos motivos pelo qual as pessoas deixam de utilizar a rede social. Maier et al. (2014) afirmam que o uso excessivo do Facebook está diretamente relacionado à emergência de estresse e exaustão nos utilizadores. Luqman (2017) confirma esta afirmação e acrescenta que os utilizadores que utilizam a rede social excessivamente são os que apresentam maiores probabilidades de se desligarem do Facebook no futuro.

Para além disso, um dos motivos determinantes que levam ao rompimento com o FB está relacionado com a falta de confiança e sentimento de segurança na rede social. No estudo exploratório aqui apresentado, grande parte dos utilizadores apontaram preocupações relacionadas com a privacidade como determinantes para o afastamento do Facebook. A este fato pode-se acrescentar que, apesar deste não ser o foco de estudo de Luqman (2017) ou de Maier (2014), ambos destacam que quaisquer fatores que estejam relacionados à emergência de technostress podem ser considerados como possíveis causas para o uso descontínuo do FB. Essa situação pode ser facilmente observada no presente contexto, onde aspectos relacionados à proteção de dados e, portanto, relacionados à privacidade, são apontadas como causas de ansiedade.

Além disso, o excesso de marketing, ou de notícias irrelevantes e indesejáveis nos feeds de notícias foram outra causa pela insatisfação, contribuindo para a desistência de usar o FB. A impossibilidade de se conseguir filtrar efetivamente os conteúdos que se querem ver agrava ainda mais o cenário. Estes conteúdos indesejáveis que aparecem na timeline do utilizador estão determinados pelo algoritmo do software da rede social, comprovando que muitas vezes os utilizadores são "forçados" a verem o que não querem, mas sim o que já está programado pela social network. Notícias como a publicada pela revista Quartz no dia 12 de dezembro de 2017 reafirmam esta premissa. No artigo publicado, o Ex-vice president of user growth of Facebook, Chamath Palihapitiya, disse que sentia "tremenda culpa" por estar envolvido na construção de ferramentas que exploram a psicologia humana - "que programam você" (Kozlowska, 2017).

6. Conclusões e trabalhos futuros

Ao levarmos em consideração a análise realizada na seção anterior é possível afirmar que os motivos pelos quais as pessoas que participaram no presente estudo exploratório se afastam do Facebook estão relacionados a fatores causadores de estresse (ou technostress). Os estudos de Maier (2014) e Luqman (2017) possibilitaram concluir que fatores como a insatisfação com os conteúdos de cunho violento, preconceituoso ou mesmo sem relevância, indicam um descontentamento com as publicações da sua rede de amigos, sendo um potencial causador de afastamento, descontinuidade no uso e estresse. O apontamento de conteúdos indesejados na timeline como motivos de afastamento do FB evidenciam que a demasia de conteúdos e, consequentemente, de estímulos também está diretamente ligada ao surgimento de estresse, uma vez que Luqman (2017) identifica o excesso de estímulos tecnológicos como um technostressor. Mais do que isso, as preocupações com a privacidade e insatisfações com o tipo de relacionamento interpessoal no FB, apontados como outros fatores de desistência de uso do FB, podem ser considerados fatores decisivos para o uso descontínuo da rede social. Desse modo, todos esses agentes analisados permitem consolidar a premissa de que os motivos relacionados ao abandono do FB, coletados a partir do estudo exploratório aqui descrito, estão intimamente relacionados com a emergência de estresse entre os participantes.

Adicionalmente, a pesquisa mostrou ser útil, permitindo averiguar a semelhança entre 57 respostas aos questionários provenientes de inquiridos de diferentes nacionalidades, permitindo concluir que os motivos não estão condicionados a fatores relacionados à cultura de pertença. Do mesmo modo não foram encontradas diferenças nos motivos de afastamento relatados entre os diferentes gêneros, confirmando que as insatisfações ocorrem igualmente entre homens e mulheres. Para futuros trabalhos pretende-se analisar com maior profundidade a questão relacionada aos efeitos de longo prazo do uso das redes sociais e considerando uma especificação maior da amostra a ser estudada. Tais estudos poderão ser realizados em contextos mais específicos e comparando diferentes faixas etárias, contribuindo a melhor compreensão dos efeitos em cada uma delas.

Referências Bibliográficas

Acar, A., Nishimuta, A., Takamuea, D., Sakamoto, K., & Muraki, Y. (2012). Qualitative analysis of Facebook quitters in Japan. *Proceedings of the Eight International Conference on eLearning for Knowledge-Based Society*, (February), 23–24.

Almansa, A., Fonseca, O., & Castillo, A. (2013). Redes sociales y jóvenes. Uso de Facebook en la juventud colombiana y española. Comunicar, 20(40), 127–135. https://doi.org/10.3916/C40-2013-03-03

Armstrong, P. (2017). Forbes. Retrieved December 10, 2017, from https://goo.gl/4okMtm

Belic, D. (2012). Tomi Ahonen: Average users looks at their phone 150 times a day! Retrieved from https://goo.gl/mCwzn2

Chilana, P. K. (2012). Designing for a billion users : A case study of Facebook. *Extended Abstracts on Human Factors in Computing Systems*, 419–431.

Coutinho, C. (2016). Metodologia de Investigação em Ciências Sociais e *Humanas: Teoria e Prática* (seccond ed). Braga: Almedina.

Dindar, M., & Akbulut, Y. (2014). Why do pre-service teachers quit Facebook? An investigation on "quitters forever" and "quitters for a while." *Computers in Human Behavior*, *39*, 170–176. https://doi.org/10.1016/j.chb.2014.07.007

Efrati, A. (2016). The Information. Retrieved December 10, 2017, from https://goo.gl/TPUFsp

Eyal, N. (2014). Hooked_ How to Build Habit-Forming Products (First). New York: Penguin Group.

Frier, S. (2017). Independent. Retrieved from https://goo.gl/cDBWu5

Gibson, J. J. (1979). The Ecological Approach to Visual Perception. Boston: Houghton Mifflin.

Globalweb Index. (2015). GWI SOCIAL SUMMARY. Retrieved December 10, 2017, from https://goo.gl/X6xEzP

Griffith, E. (2016). Fortune. Retrieved from https://goo.gl/qsWSPn

Guynn, J. (2017). USA Today. Retrieved December 10, 2017, from https://goo.gl/y8GDNJ

Harris, T. (2016). *How Technology is Hijacking Your Mind—from a Magician and Google Design Ethicist*. In Medium.com. Retrieved from https://goo.gl/Tthu3v

Kozlowska, H. (2017). Quartz. Retrieved from https://goo.gl/sVVkfE

Luqman, A., Cao, X., Ali, A., Masood, A., & Yu, L. (2017). Empirical investigation of Facebook discontinues usage intentions based on SOR paradigm. *Computers in Human Behavior, 70*, 544–555. https://doi.org/10.1016/j.chb.2017.01.020

Maier, C., Laumer, S., Weinert, C., & Weitzel, T. (2015). The effects of technostress and switching stress on discontinued use of social networking services: A study of Facebook use. *Information Systems Journal, 25*(3), 275–308.

Maier, C., Laumer, S., Eckhardt, A., & Weitzel, T. (2014). Giving too much social support: Social overload on social networking sites. *European Journal of Information Systems, 24*(5), 447–464. https://doi.org/10.1057/ejis.2014.3

Maier, C., Laumer, S., Weinert, C., & Weitzel, T. (2015). The effects of technostress and switching stress on discontinued use of social networking services: A study of Facebook use. *Information Systems Journal, 25*(3), 275–308. https://doi.org/10.1111/isj.12068

Marta, C., Martínez, E., & Sánchez, L. (2013). La «i-Generación» y su interacción en las redes sociales. Análisis de Coca-Cola en Tuenti. *Comunicar*, 41–48. https://doi.org/10.3916/C40-2013-02-04

News, B. (2016). 61% people check their phones within 5 minutes after waking up: Deloitte. Retrieved from https://goo.gl/Hi11mm

Peper, E. Harwey, R. (2018) Digital Addiction: increased loneliness, anxiety and depression. In *NeuroRegulator*, Vol 5 (1) 3-8

Ravindran, T., Kuan, Y., Chua, A., & Hoe Lian, D. (2014). Antecedents and effects of social network fatigue. *Journal of the Association for Information Science and Technology, 65*(11), 2360–2320.

Ring, S. (2016). Um terço dos britânicos checa celular no meio da noite. Retrieved from https://goo.gl/FKqXWY

Stieglitz, S., & Dang-Xuan, L. (2013). Emotions and Information Diffusion in Social Media—Sentiment of Microblogs and Sharing Behavior. *Journal of Management Information Systems, 29*(4), 217–248. https://doi.org/10.2753/MIS0742-1222290408

TeleNav. (2011). Survey Finds One-Third of Americans More Willing to Give Up Sex Than Their Mobile Phones. Retrieved from https://goo.gl/NjWgw9

Turel, O., & Serenko, A. (2012). The benefits and dangers of enjoyment with social networking websites. *European Journal of Information Systems, 21*(5), 512–528.

Capítulo IV

NUEVOS ENTORNOS DE APRENDIZAJE, TIC Y APLICACIÓN EN LA EDUCACIÓN SUPERIOR: REVISIÓN SISTEMÁTICA

D. Jaime Flores Mora
Universidad de Huelva
Dra. Gema Paramio Pérez
Universidad de Huelva
Dra. Patricia de Casas Moreno
Universidad Antonio de Nebrija

Resumen

El impacto de las nuevas tecnologías ha resultado en la emergencia por adaptar la sociedad al desarrollo vertiginoso de las dinámicas digitales, sobre todo, en la educación. Las teorías pedagógicas tradicionales están desfasadas, en contraste, las nuevas perspectivas educativas propician la interacción a distintos niveles entre el estudiantado y su entorno de aprendizaje. Estas nuevas perspectivas pivotan sobre la idea general de la nebulosa de información cristalizada por nodos y redes de información desarrollada por Siemens (2004) y a la que se le denomina teorías conectivistas. Se realizó una revisión para arrojar luz sobre el Estado del Arte, a través de una perspectiva agregativa-interpretativa. Los resultados principales muestran, por un lado, la presencia de dos grandes temáticas, b-learning y u-learning. Por otra parte, el dispositivo estrella de estas metodologías, el Smartphone, resulta en la ausencia de investigación en la relación smartphone y la docencia, siendo abundante en lo referido a la valoración de trastorno o adicción. La emergencia de estas nuevas dinámicas digitales, junto con la demanda urgente de la sociedad por un modelo que satisfaga la adherencia al aprendizaje y la adquisición de conocimiento, provoca un auge en la literatura de investigación.

Palabras claves

B-learning, Blended learning, U-learning, Ubiquitous learning, Smartphone, Nomofobia, Nuevas tecnologías. Revisión Sistemática.

1. Introducción

El campo de las Nuevas tecnologías (en adelante, NN.TT.) y de las Tecnologías de la información y la comunicación (en adelante, TIC) o Tecnologías de la relación, información y la comunicación (en adelante, TRIC) se configura como un espacio novedoso que está generando una significante producción científica. Cuando a nivel empírico surge un fenómeno que redefine la realidad en uno o varios ámbitos, la ciencia comienza a adentrarse en la temática del objeto de análisis. Los artículos de revisión actuan como guía al investigador para poder conocer el estado del arte (Fernández-Ríos y Buela-Casal, 2009). Sí hablamos sobre TIC el objeto de estudio adquiere, aún más si cabe, un significado relevante ya que hemos de tener en cuenta que la innovación en estas avanza más rápido de lo que la producción editorial puede abordar, de este modo, la producción científica siempre va un paso por detrás de la realidad psicosocial.

La temática de las N.N.T.T resulta compleja debido al rápido desarrollo e implementación en todas las esferas de la vida, Este desarrollo no se produce de manera lineal, se ramifica generando nuevos ámbitos, redefiniendo usos, etc. Por ejemplo, el sistema educativo (tanto escuelas como universidades) pasa por una transición, encontrando situaciones de crisis (persisten en una metodología clásica analógica), como de emergencia de un nuevo modelo educativo y organizativo (innovan hacia una metodología dinámica digital) (Morán, 2012).

Por otro lado, la labor de investigación clínica se esfuerza por determinar la posible existencia de un trastorno relacionado con la conducta excesiva en cuanto al uso del smartphone, el malestar psicológico que genera el no acceso a estos dispositivos y, además, se valora el uso de los dispositivos móviles como herramienta para satisfacer necesidades vitales (ocio lúdico, socialización, cultura, sexo, comunicación, alimentación, etc) (Carbonell, 2014). La adaptación tecnológica es lo que llama la atención. Siguiendo a Feijoo (2017), este término es central en el sentido de que la educación que dan los padres a sus hijos es fundamental para el posterior desarrollo equilibrado y funcional de los mismos. Esto influye tanto en el pensamiento crítico de los niños (Petrucco y Ferranti, 2017), así como, los sistemas de relaciones de estos niños y niñas con sus iguales y su entorno.

En estas líneas, se pretende aportar información actualizada del estado del arte en relación a los nuevos contextos de aprendizaje en la educación superior, aportando una visión actualizada que arroje luz para futuras investigaciones.

2. Marco teórico

2.1 Desarrollo e implantación de las nuevas tecnologías en la realidad social.

La emergencia de las nuevas tecnologías en las sociedades en el período comprendido entre principios de los 90 y principios del 2000, ha generado un alarmismo a nivel mundial que ha promovido el desarrollo de una cooperación a nivel global (UNESCO, 2012).

En la actualidad, ya no se habla de brecha digital en lo que respecta al acceso tecnológico (a pesar de seguir existiendo diferencias a nivel de recursos entre países). Las conclusiones a las que se llegaban en el World Summit (UIT, 2003) destacan las diferencias entre aquellos que usan efectivamente las nuevas herramientas de la información y la comunicación y quienes no lo hacen, aun existiendo habiéndose reducido la desproporcionalidad en las tasas poblaciones de adopción (creciendo estas exponencialmente de 1000 millones en 2005 a más de 3.000 millones en 2016) (ONTSI, 2017).

Ambos grupos poseen características propias (edad, género, situación económica o visión cultural) que los diferencian (Cabero, 2004). Matizando estas diferencias existentes entre ambos grupos, se destaca la incapacidad de guía por parte de los adultos en un entorno donde ellos son los que van un paso por detrás y los jóvenes aquellos que presentan una mayor capacidad de uso, pero menor capacidad de razonamiento crítico y sobresaturación de información (generando desinformación) (programa AUSTICA, Busquet, Garrido-Lora y Munté-Ramos, 2013).

2.2 Teorías conectivistas y el abordaje de los nuevos contextos de aprendizaje: e-learning, m-learnin, u-learning y b-learning.

La tecnología web es la protagonista absoluta de la cuarta revolución de la educación. La presencia de las nuevas tecnologías en la pedagogía resulta en una revolución didáctica, existiendo una transición clave desde una metodología tradicional a una digital y permitiendo la educación semipresencial y no presencial y el aprendizaje activo, tanto del alumno como del docente (Viera, 2016).

Este aprendizaje se ve enriquecido con la fusión pedagógica de lo analógico y lo digital aportando una solución a la transición hacia un entorno digitalizado, siendo un ejemplo, el proyecto SIMUL@ (Gisbert, 2013). La educación digital simboliza una serie de características dirigidas a la superación de la limitación espacio-temporal, proyectos formativos orientados al estudiante y no al contenido mediante un aprendizaje asíncrono (Morales y Ramírez, 2015). Desde esta perspectiva, se evalúa la dinámica y la capacidad activa tanto de profesorado (Dillenbourg y Hong, 2008; Garrison y Anderson, 2003) como del alumnado (con respecto a generaciones pasadas) en las aulas (Onrubia, Rochera y Engel, 2015).

Así, las primeras experiencias que se dan en este entorno, son las referidas al desarrollo de la modalidad educativa e-learning (desarrollo del aprendizaje a distancia a través de la web) permitiendo la desmediatización de la enseñanza de un lugar físico, existiendo separación temporal o geográfica, comunicación sincrónica y asincrónica entre docente y estudiantes, y con contenidos y recursos disponibles, a través de herramientas virtuales (utilizando la web 2.0) (Balladares, 2017; Grájeda, 2015). La literatura de investigación destaca la visión positiva tanto del alumnado como del profesorado sobre las potencialidades del e-learning (Domínguez et al., 2014; Caporarello y Sarchioni, 2014).

Con el desarrollo de las nuevas tecnologías y el auge del smartphone y el portátil, surgen modalidades referidas al aprendizaje móvil o mobile learning (en adelante m-learning) y al aprendizaje ubicuo o ubiquitous learning (en adelante U-learning). El m-learning, según Olmedo et al., (2012) simboliza "la evolución de los sistemas de aprendizaje electrónico (e-learning) a partir de las posibilidades pedagógicas que ofrecen los dispositivos móviles". El uso de un dispositivo móvil implica que se de aprendizaje en cualquier lugar y momento para expandir la experiencia de aprendizaje formal (Motiwalla, L.F., 2007).

En cuanto a las potencialidades del u-learning, se permite un aprendizaje en cualquier lugar y momento, desde cualquier dispositivo, permitiendo un acceso casi instantáneo a los flujos de información de la red (Viera, 2016), existiendo una serie de dimensiones propuestas por Burbules (2013): i) sentido espacial, en cualquier lugar; ii) portabilidad; iii) sentido de interconexión; iv) cambios en la forma de pensar acerca de dónde, cómo, cuándo y cuánto; v) sentido temporal de la ubicuidad; y vi) futuro caracterizado por flujos transnacionales y globalizados.

Ambos modelos de aprendizaje, tanto u-learning como m-learning engloban al e-learning y a todo proceso de aprendizaje que se desarrolla gracias a la presencia y uso de diferentes herramientas tecnológicas (Sánchez, Mallado y González-Piñal2013).

Otra modalidad que aprovecha las cualidades del e-learning pero que implica ciertas ventajas respecto a esta es la denominada blended learning. (en adelante b-learning). Esta modalidad, permitiría el apoyo de las plataformas virtuales a las clases presenciales promoviendo el conocimiento personalizado a las necesidades de cada alumno, siendo el docente guía y supervisor durante el proceso (Aguirre, Viano y García 2015).

El b-learning, se caracteriza por la hipermedialidad, sincronía y asincronía, interacción, accesibilidad a materiales, andamiaje personalizado y activo, combinación de tecnologías (tutorías-red) y metodologías de instrucción (online-offline) (Morán, 2012). Englobaría una serie de componentes principales: contenido (información medio/código/canal y distribución), comunicación (tutor-estudiante/estudiante-estudiante) y construcción (individual y cooperativa) (Mason y Rennie, 2006). Desde esta perspectiva, destaca el modelo híbrido que contiene la medialidad de lo online (profesor/chat, foros, correo electrónico/estudiante/chat, foros, correo electrónico/compañeros) y offline (primera clase de bienvenida y última clase de clausura) (Martyn ,2003).

El desarrollo de estas modalidades de aprendizaje es paralelo al esfuerzo de la labor de investigación por adaptar las teorías pedagógicas tradicionales a la situación actual (Windschitl, 2002; Terrence, Sejnowski y Quartz, 1997).

Los sistemas de aprendizaje conforman una nebulosa de información construida en red (compuesta por nodos de información, los cuales, constituyen y cristalizan la experiencia del aprendizaje). Siemens (2004) crea el paradigma Conectivista, que aporta soluciones pedagógicas a un contexto cambiante donde se mezclan de forma indivisible el contexto analógico y digital (Gutiérrez, 2012).

Entre otras, las características principales del paradigma conectivista, harían referencia a la naturaleza situacional/contextual del aprendizaje, proveyendo de herramientas al sujeto que potencien el aprendizaje y estas como puente para favorecer la interacción en un entorno de aprendizaje (Ovalles, 2014).

2.3 Tecnologías de la Información y la comunicación y problemas asociados

Teniendo en cuenta el tejido hiperconectivo (se refiere al m-learning y u-learning) que conforma la emergencia y asentamiento de los dispositivos móviles, se viene desarrollando por varios autores el análisis del impacto de las nuevas tecnologías en la docencia universitaria (Camacho, 2011; Rummler, 2011).

La epidemiología de la nomophobia es difícil y difusa (Montag, Kannen, Lachmann, Sariyska, Duke, Reuter, Markowetz, 2017), la metodología de investigación (autoinforme y cuestionarios de autocumplimentación) se realiza casi en exclusiva en población escolar/universitaria (Bianchi & Phillips, 2005) que, en contraste con metodologías más actuales como estudios longitudinales de análisis de tiempo de uso, número de consultas y tipo de uso del smartphone, demuestra que existe una sobrevaloración del uso del móvil, es decir, los autoinformes aportan información subjetiva y sesgada.

Es necesaria una perspectiva crítica a la hora de abordar el uso/abuso del teléfono móvil (e internet). A día de hoy, existen investigaciones que destacan no sólo el componente psicopatológico, sino que se habla del hábito compulsivo (Potenza, 2015), refiriéndose a la existencia de variables ambientales, socioculturales y sociopsicológicas que pueden estar influyendo en la presencia del smartphone en la realidad cotidiana. A este respecto, se destaca la aportación sobre la sobrepatologización del uso excesivo, entendiendo que el smartphone funciona como reforzante de uso problemático, conducta dependiente o compulsiva (entre otros, Billieux, Schimmenti, Khazaal, Maurage, Heeren, 2015; James & Drennan, 2005).

Hoy día, existe una profusa investigación sobre el contenido del smartphone (Griffiths, 2015) e indicadores de riesgo de mala salud mental, como las investigaciones centradas en el "Modelo de los cinco grandes factores", encontrando relación positiva entre uso problemático y, entre otros, introversión (compensar dificultades sociales), impulsividad y neuroticismo (Kuss y Griffiths, 2011), síntomas de mal funcionamiento prefrontal y, en general, del mal funcionamiento cotidiano (problemas de autoestima, estrés percibido y disminución del rendimiento escolar), entre otros (Pedrero, Ruiz, Rojo, Llanero, Pedrero, Morales y Puerta, 2018).

2.4 Nomofobia y su influencia en el contexto universitario.

En general, los equipos investigadores muestran un fuerte interés por el desarrollo de las potencialidades en la implementación de las nuevas tecnologías y eso se refleja en lo cotidiano, profesores desarrollando herramientas para el fomento del aprendizaje y de competencias específicas (Cerdán, Palomares, De Andrés, Daviu, Esteban, Ballester, Ruiz y Villavieja, 2013). En concreto, Sáez (2015) evalúan la implementación del smartphone como herramienta potenciadora del aprendizaje mediatizada por la calidad en la accesibilidad a recursos didácticos y facilidad de uso. Además, en cuanto al desarrollo de competencias, destaca el fomento del aprendizaje autónomo y el desarrollo de competencias específicas.

3. Objetivos

3.1 Objetivo general

Conocer el estado de la investigación sobre los nuevos entornos de aprendizaje y la aplicación de las TIC en la educación universitaria.

3.2 Objetivos específicos

- Conocer el volumen de investigación y sus tendencias respecto a los nuevos entornos de aprendizaje y la aplicación de las TIC en la educación superior.

- Analizar los contenidos de los artículos con mayor número de citaciones en el campo de la educación.

- Analizar los artículos relacionados con la nomofobia como problema asociado a las TIC y por ende las reticencias del uso del smartphone en la educación.

4. Metodología

4.1 Tipo de estudio

Se realiza una revisión sistemática fundamentada en la perspectiva teórica y los resultados desde un punto de vista agregativo interpretativo teniendo en cuenta la interpretación científico-humanística que guarda relación con la teoría y los resultados (Fernández-Ríos y Buela-Casal, 2009), siendo el corpus teórico la literatura referida a la temática de los distintos tipos de aprendizaje basados en las nuevas tecnologías (blended learning, m/u-learning), así como, la dimensionalidad que adquiere este corpus a nivel de contexto educativo en cuanto a la presencia del smartphone, además, se valora el estado actual de la literatura en cuanto al término nomophobia y su relación con la educación.

Para la elaboración de la investigación se siguió una serie de pautas generales en la preparación, planificación y redacción del trabajo (Fernández-Ríos y Buela-Casal, 2009), estas normas, consejos y recomendaciones se recogen en el Anexo I.

4.2 Materiales a utilizar

Para profundizar en la temática, se han utilizado cuatro bases de datos: Scopus, Web of Science, Dialnet y Teseo. Cada una de ellas tiene características que reflejan su importancia en lo referido a la calidad y cantidad de estudios disponibles.

La Fundación Española de Ciencia y Tecnología (FECYT) facilita el acceso a la base de datos Scopus y Web of Science (WoS), estas son dos grandes bases de datos a nivel mundial de carácter multidisciplinar y que indexan una gran variedad de revistas, la primera es propiedad de Elsevier y ofrece contenido de interés académico (libros, revistas, conferencias, etc), mientras que WoS es propiedad de Thomsom Reuters, incluye alrededor de 12.000 títulos de revistas y más de 160.000 actas de congresos.

En cuanto al ámbito nacional, Teseo y Dialnet son dos grandes buscadores que indexan contenido en habla hispana. El primero recoge todas las tesis doctorales presentadas por las universidades españolas, actualmente, indexa un total de 233.539 tesis doctorales. A su vez, Dialnet surge de la cooperación bibliotecaria comenzando por la Universidad de la Rioja, recopila documentos (artículos de revistas, capítulos de monografías, tesis doctorales, libros, etc.)

4.3 Procedimiento

Se realiza una búsqueda bibliográfica a través de tópicos tanto centrales como periféricos en las cuatro bases de datos mencionadas en el período comprendido entre marzo de 2018 y junio de 2018.

A la hora de realizar la búsqueda, se ha procedido utilizando el operador booleano "AND" y "OR" realizando una búsqueda de forma agregativa. De manera general, se filtra por fecha de publicación, idioma y tipo de documento. De manera específica, cada buscador mantiene unas características particulares que matizan los resultados. A continuación, se muestran en la tabla 1 los tópicos de búsquedas utilizados en cada buscador.

Por otra parte, se detallan en la tabla 2, los momentos dentro del período de investigación. Además, profundizando en la dinámica, se realiza una nueva conceptualización de tópicos y una redefinición estructural de los mismos.

Tabla 1. Cuadro de términos y bases de datos utilizadas para la búsqueda bibliográfica.

Criterios de inclusión		
Generales	Idioma: español e inglés. Período de publicación: De 1 enero de 2010 a 4 junio de 2018 (inclusive). Tipo de documento: artículo y revisión.	
Específicos	Scopus	Palabras clave. Área de investigación (ciencias sociales y psicología)
	Web of Science	Dominios de investigación (ciencias sociales) Áreas de investigación (educación e investigación educativa y psicología)
	Teseo	Curso académico (09/10 a 17/18) y empleando el recurso "con todas las palabras" en la búsqueda avanzada Idioma (español)
	Dialnet	Texto completo Tipo de documento (artículo) Materia (psicología y educación) Submateria (psicología y/o educación) Idioma (español)

Fuente: elaboración propia.

Tabla 2. Momentos dentro del período de investigación.

Primera búsqueda	Segunda búsqueda	Tercera búsqueda
Fecha (15 de octubre de 2017)	Fecha (15 de marzo de 2018)	Fecha (4 de junio de 2018)
Tópicos	Tópicos	
nomophobia, dependence, smartphone, TIC, e-learning, m-learning, u-learning, interactive learning environment	Centrales	Periféricos
	nomophobia, b-learning, blended learning, u-learning y ubiquitous learning	teaching, higher education y smartphone

Fuente: elaboración propia.

El proceso de búsqueda ha consistido en una constante reactualización de resultados (tanto el 15 de marzo como el 4 de junio) y una readaptación de tópicos (tanto el 15 de octubre como el 15 de marzo), clasificándose estos según tópicos centrales (b-learning, u-learning y nomophobia) y tópicos periféricos (smartphone, teaching y higher education). Los tópicos centrales se analizan tanto con su acrónimo como en su versión extensa (b-learning *OR* blended learning). La razón de ser de la metodología radica en que, por sí solos, los tópicos periféricos no adquieren significado relevante para la consecución de los objetivos, sino que funcionan como enlace de los tópicos centrales a la temática aquí abordada.

La búsqueda se lleva a cabo el día 4 de junio de 2018 y se realiza filtrando según criterios de inclusión generales y específicos, como se comentó anteriormente. Para profundizar en el análisis de la información, se ordenan las búsquedas por número de citaciones y se revisan los documentos que aparecen en dos tópicos diferentes (b-learning y u-learning) para localizar resultados que aparezcan en dos o más búsquedas.

Por último, aclarar que, cada base de datos tiene características particulares (Teseo sirve para localizar tesis doctorales y Dialnet para documentos de diversa índole en lengua hispana), por lo que los operadores boleanos *"AND"* y *"OR"*, han sido empleados para refinar la búsqueda de tópicos excepto en Teseo (que por defecto los incluye en su buscador avanzado).

4.4 Análisis de la información

El análisis de la información se ha realizado en función de los objetivos específicos planteados. Por un lado, se ha realizado un análisis cuantitativo del total de resultados localizados por tópicos centrales y periféricos en cada base de datos analizada. Por otro lado, a nivel cualitativo, mediante análisis de contenido se valora la relevancia de los documentos localizados, filtrando según un criterio arbitrario (50 citas o más) establecido por el propio investigador (anexo II y III) y que ha sido considerado según la perspectiva global ofrecida por los resultados obtenidas en el análisis cuantitativo.

4.5 Resultados

A continuación, se muestran los resultados obtenidos. En primer lugar, a nivel cuantitativo (volumen de artículos que reflejan el estado del arte de la investigación) y en segundo lugar a nivel cualitativo.

4.5.1 Estado del arte de la investigación respecto a los nuevos entornos de aprendizaje y las TIC en la educación superior.

4.5.1.1 Volumen de artículos en función de las bases de datos.

Dialnet

Tabla 3. Resultados obtenidos en la base de datos Dialnet en su versión Plus.

Tópicos periféricos		Total	docencia	universidad	smartphone
Tópicos centrales	b-learning	211	7	89	2
	u-learning	211	7	89	2
	nomofobia	1	0	1	0

Fuente: elaboración propia.

Por tópicos se obtiene un total de 211 documentos tanto "b-learning OR blended learning" como para para "u-learning OR ubiquitous learning" y 1 único documento para "nomofobia".

Las búsquedas contextualizadas concluyen con 7 documentos para "b-learning OR blended learning AND docencia" y 89 documentos para la relación con "universidad", mientras que "u-learning" obtiene 7 documentos con "teaching" y 89 documentos con "universidad". El contraste se localiza en los resultados de ambos tópicos con el tópico periférico "smartphone" con 2 documentos coincidentes en ambas búsquedas. A su vez, "nomofobia AND universidad" es la única búsqueda con un único documento.

Teseo

Los resultados de Teseo se deben matizar al ser documentos de alta especialización, es decir, este buscador arroja únicamente resultados de tesis doctorales disponibles. Así, los términos "b-learning OR blended learning", "u-learning OR ubiquitous learning" y "nomofobia" obtienen un total de 34, 18 y un único documento, respectivamente. En las búsquedas contextualizadas, únicamente "b-learning OR blended learning AND universidad" obtiene cinco documentos.

Tabla 4. Resultados obtenidos en la base de datos Teseo.

Tópicos periféricos		Total	docencia	universidad	smartphone
Tópicos centrales	b-learning	34	0	5	0
	u-learning	18	0	0	0
	nomofobia	1	0	0	0

Fuente: elaboración propia.

Web of Science

En cuanto a los resultados que proceden de WoS, las búsquedas simples para "b-learning OR blended learning", "u-learning OR ubiquitous learning" y "nomophobia" son respectivamente de 2.483, 1.773 y 41 documentos.

Tabla 5. Resultados obtenidos en la base de datos Web of Science

Tópicos periféricos		Total	teaching	Higher education	smartphone
Tópicos centrales	b-learning	2.489	1.222	902	175
	u-learning	1.773	526	378	152
	Nomofobia	41	1	1	9

Fuente: elaboración propia.

Las búsquedas contextualizadas muestran únicamente resultados positivos
para el tópico "nomophobia AND Smartphone" con nueve documentos, matizando que las búsquedas localizadas en referencia a "teaching" y "higher
education" pertenecen a un documento que no toma como eje central el estudio de la nomophobia. Por otro lado, los tópicos "b-learning" y "u-learning", mantienen resultados positivos y calidad en la producción tanto en
"teaching" con 1.219 y 525 documentos, en "Smartphone" con 175 y 152 documentos y en "higher education" con 902 y 377 documentos respectivamente.

Scopus

Tabla 6. Resultados obtenidos en la base de datos Scopus.

Tópicos periféricos		Total	teaching	Higher education	smartphone
Tópicos centrales	b-learning	902	646	362	4
	u-learning	149	97	45	11
	nomofobia	12	0	1	8

Fuente: elaboración propia.

Las búsquedas se realizan primero con los tópicos centrales en búsquedas
simples, así, "b-learning OR blended learning", u-learning OR ubiquitous
learning" y "nomophobia", obtienen respectivamente un total de 902, 149 y
12 documentos.

Por otro lado, relacionando los tópicos centrales con los tópicos periféricos
o contextuales, de manera general, se observa una relación positiva entre
"u-learning AND teaching" con 97 documentos, "u-learning AND higher
education" con 45 documentos, "b-learning AND teaching" 646 documentos, "b-learning AND higher education" con 362 documentos y, por sepa-
rado, "nomophobia AND Smartphone" con 8 documentos, siendo el único
resultado marginal perteneciente a "nomophobia AND higher education"
perteneciente a la rama de Medicina.

4.5.1.2 Tendencias de investigación

A continuación, en las gráficas 1, 2 y 3 se muestran los datos relativos a la
evolución de la publicación editorial en base al criterio de fecha de publicación establecido (desde el 1 de enero de 2010 a 4 de junio de 2018). Esto
permite obtener una visión generalizada sobre el auge, asentamiento y de-
clive de las temáticas abordadas y realizar una comparación.

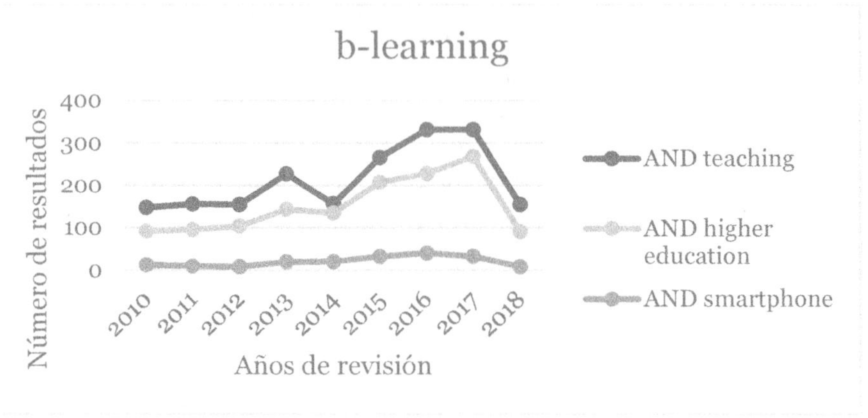

Fuente: elaboración propia.

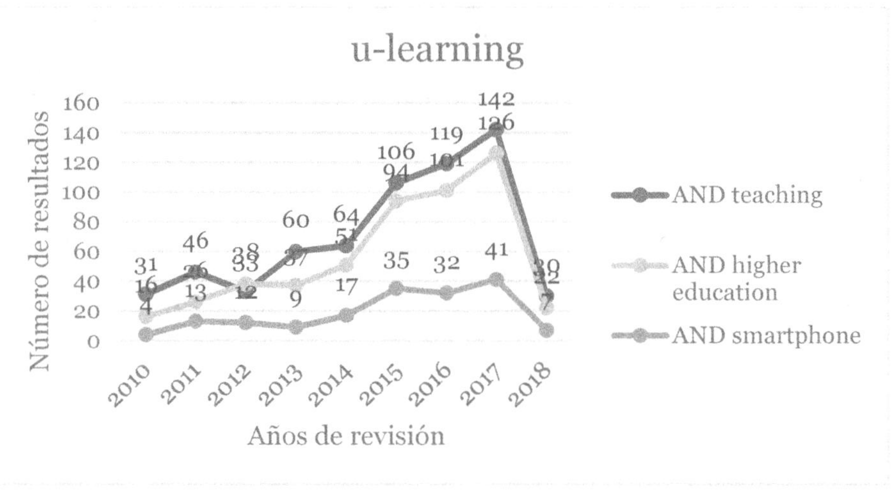

Fuente: elaboración propia.

Fuente: elaboración propia.

4.5.2 Análisis de contenido de los artículos en función del número de citas, campo y tipo de estudio

Por otro lado, se detalla una relación breve de estudios relevantes para cada temática, el análisis de contenido se efectúa siguiendo un criterio filtro (que el artículo haya sido citado 50 veces o más). La información que se proporciona, hace referencia a: título, autor, campo de estudio, metodología y temática.

A continuación, se muestra la tabla 7 donde se muestra el resumen de los resultados pudiéndose encontrar la tabla extensa en el Anexo II.

5. Discusión y conclusiones.

La labor de investigación realiza un gran esfuerzo por adoptar la metodología mixta y el uso de dispositivos electrónicos a la metodología tradicional pedagógica. Los resultados se pueden analizar a través del desarrollo de los objetivos específicos, tal como se desarrolla a continuación.

Tras el análisis cuantitativo de los resultados podemos ver, como era de esperar, que el mayor volumen de investigaciones (significativamente mayor en literatura inglesa que hispana y) se está realizando en el campo pedagógico del blended learning. Esto hecho da fé de la voluntariedad de los investigadores por mejorar las estrategias de enseñanza y adaptar las metodologías a los nuevos contextos de aprendizaje, si se tiene en cuenta el contexto cambiante y digital en el que se encuentra la sociedad.

Así, se demuestra la respuesta de las instituciones hacia el rápido desarrollo e impacto de las nuevas tecnologías en la sociedad. Los resultados arrojados por las búsquedas de cantidad de publicaciones y las gráficas de evolución adquieren perspectiva si se tiene en cuenta que la metodología de enseñanza tradicional se encuentra desfasada y los resultados académicos se empobrecen dentro de este sistema lo que genera la urgente necesidad de una propuesta que palie las deficiencias del sistema actual.

Como dato significativo, 2011 es el año en el que se publicaron la mayoría de artículos con más citaciones, teniendo la evolución de publicaciones su pico en el período 2016-2017. Estudios como el de Gikandi, Morrow y Davis (2011) enfatizan la visión positiva tanto del alumnado como del profesorado sobre las ventajas inherentes a la implantación de metodologías digitales. Esto destaca el hecho de que, tanto alumnos como profesores, están pidiendo un cambio urgente de paradigma.

Título	Autor y fecha	Campo de estudio	Metodología	Temáticas
b-learning OR blended learning AND teaching AND higher education				
Online formative assessment in higher education: A review of the literature*	Gikandi, J.W., Morrow, D., Davis y N.E. (2011)	Educación	Revisión sistemática	Evaluación, blended learning, profesorado/alumnado.
Promover la regulación individual y grupal del aprendizaje en entornos colaborativos: una experiencia en Educación Superior	Onrubia, J., Rochera, M.J. y Engel, A.(2015).	Educación	Experimental	Metodología b-learning, experiencia docente-estudiante/estudiante.
NOTA: Estos estudios corresponden a los principales resultados (en cuanto a mayor número de citaciones –de 50 en adelante-) de todas las bases de datos. Además, son resultados que se localizan por igual tanto en WoS y Scopus, por un lado, y Dialnet o Teseo, por otro.				
u-learning OR ubiquitous learning AND teaching AND smartphone				
Application of context-aware and personalized recommendation to implement an adaptive ubiquitous learning system	Shu-Lin, Wanga. y Chun-Yi, Wu. (2011).	Aprendizaje	Estudio teórico	Características del u-learning en función de su adaptabilidad al entorno de aprendizaje.
The design and implementation of a meaningful learning-based evaluation method for ubiquitous learning	Yueh-Min, Huang., Po-Sheng., Chiu., Tzu-Chien, Liu. y Tzung-Shi, Chen. (2011).	Aprendizaje	Estudio teórico	Análisis de la relación entre aprendizaje significativo y u-learning.
Nomophobia / Nomophobia AND Smartphone / Nomophobia AND higher education OR teaching				
Escala de riesgo de adicción-adolescente a las redes sociales e internet: fiabilidad y validez (ERA-RSI)	Peris, M., Maganto, C. y Garaigordobil, M. (2018).	Adolescentes. Clínico	Experimental	Desarrollo y análisis psicométrico de la escala ERA-RIS.
Exploratory investigation of theoretical predictors of nomophobia using the Mobile Phone Involvement Questionnaire (MPIQ)	Argumosa-Villar, L., Boada-Grau, J. y Vigil-Colet, A. (2017).	Adolescentes. Clínico	Experimental	Análisis de factores de personalidad (autoestima, extraversión, consciencia emocional y estabilidad emocional) y demográficos a través del instrumento MPIQ.

Tabla 7. Exposición abreviada del análisis de resultados por tópicos (elaboración propia).

Al fin y al cabo, lo que se está reclamando es un modelo de aprendizaje adaptado al siglo XXI y que dé respuesta a las exigencias de la sociedad. Este modelo, tal y como se muestra en los resultados, se deberá basar en una apuesta por un sistema blended learning con dinámicas u-learning.

Así, se puede concretar añadiendo que es el propio desarrollo de las nuevas tecnologías, su impacto en la sociedad y la emergencia de una problemática o no (y su impacto en la educación), lo que define el auge de los esfuerzos por adaptar las metodologías b-learning y u-learning al contexto de aprendizaje. En concreto, si se observan las gráficas que analizan la evolución de la literatura, a través de los años, se ve el ritmo creciente de publicaciones, estando aún en pleno 2018.

Por otro lado, con respecto a los contenidos de los artículos con mayor número de citaciones en el campo de la educación, reflejan que la mayor parte de los contenidos relacionados con el u-learning, se encuentran comprendidos dentro de aquellos que hablan del blenden learning, revelando el esfuerzo conjunto por adaptar los principios de las teorías conectivistas al ámbito educativo e integrando las características del aprendizaje significativo y el aprendizaje-servicio a la nueva modalidad que emerge al enriquecer el sistema educativo con las nuevas dinámicas digitales.

De la relación de análisis consultados se infieren conclusiones que permiten valorar cómo se enriquece el aprendizaje con dispositivos o herramientas como el "Cuaderno de Bitácora", el entorno virtual desarrollo por el Programa Austica o las herramientas u-portfolio y Mindtools. Todas estas iniciativas recogen las ventajas que tiene para la adquisición de conocimientos el desarrollo y la implantación de las nuevas tecnologías al sistema de aprendizaje.

Como se comentaba, el esfuerzo investigador (entre otros, Donnelly 2010; Porter, Graham, Spring y Welsh, 2014) por adaptar el ritmo de la enseñanza al del desarrollo de las nuevas tecnologías, se observa en una serie de propuestas que permiten valorar cómo los dispositivos móviles y la metodología blended learning mejoran las notas medias en el aprendizaje universitario, la adquisición de conocimientos y facilita el que los alumnos acepten este sistema de aprendizaje y la presencia de dispositivos electrónicos (con fines educativos como las Tablets PC, tablets, PDAs,), por parte del alumnado. Estos son los dispositivos estrella dentro de las aulas, siendo, como se verá más adelante, el Smartphone el eje central de la dinámica digital a día de hoy, y es por esto que resulta llamativo que, aunque el volumen de investigación ha ido creciendo a lo largo de los años, sigue estando muy por debajo de otros estudios en lo referente al b-learning

Por otro lado, la dinámica de investigación se centra en las revisiones sistemáticas y los estudios experimentales con docentes y estudiantes en las aulas. Los campos de estudio más fructuosos son los dedicados a la Educación y al Aprendizaje. El primero haría referencia a las percepciones de los agentes que lo componen y el segundo al impacto de la implantación de las nuevas tecnologías en las aulas.

Teniendo en cuenta esto, los estudios intentan dar respuestas a asuntos como la mejora docente con las nuevas tecnologías, las estrategias y estilos de aprendizaje con estas, el aprendizaje online, el aprendizaje colaborativo y los entornos de aprendizaje interactivo.

Por otro lado, en lo que respecta a la incursión del término nomophobia en el contexto educativo, no se ha encontrado una relación directa con contexto educativo, por lo que no podemos inferir que esta sea una problemática que pueda afectar al profesorado a la hora de utilizar este dispositivo en sus clases, como se podría suponer por la revisión en la literatura. La información encontrada es muy valiosa teniendo en cuenta que la mayoría de estudios abordan sus metodologías con muestras adolescente en el entorno escolar. Por lo tanto, se debe valorar si existe reticencia en cuanto a la implantación del Smartphone como herramienta docente o si el interés investigador mira hacia otro lado.

Existe una emergente preocupación visibilizada a través de los medios de comunicación de la excesiva inmersión del Smartphone en la realidad cotidiana de los adolescentes (se destaca este grupo por ser el de mayor vulnerabilidad), lo que genera "tabú" en relación a la presencia en las aulas.

Se puede observar que, aunque la tendencia de investigación del uso del Smartphone en el campo docente va en aumento (de 2010 a 2018), son todavía escasas las investigaciones en lo referente a su implicación en la docencia. Como plantea Motiwalla, L.F. (2007), el uso de un dispositivo móvil implica que se de aprendizaje en cualquier lugar y momento para expandir la experiencia de aprendizaje formal, tal como plantean las teorías conectivistas (Siemmens, 2004).

Por otro lado, se puede observar que la presencia del Smartphone ha adquirido un tono patológico, adictivo o referido al trastorno. Se diría que sigue la misma dinámica que el auge de las TIC en los 90 y el 2000, se enfatizaba la problemática, el acceso desigual a la información y desde los organismos oficiales se planteaban soluciones y propuestas. En este sentido se valora la excesiva importancia y compulsiva necesidad por mantenerse cerca del Smartphone, generando ansiedad, estrés y fobia por no poder acceder a las potencialidades de estos dispositivos. Así, el esfuerzo investigador gira en torno hacia la clínica y la definición de la nomophobia como trastorno. Tanto la OMS como la APA, requieren de más estudios para matizar de manera correcta unos criterios definitorios.

Sin embargo, existen estudios como el de Pei-Shan y cols (2011) muestran cómo la aplicación del Smartphone no tiene por qué ser nociva si se motiva a darle un uso didáctico. Como se comentaba en el marco teórico, existe también una tendencia hacia la sobrepatologización.

Con todo esto, se podrían establecer una serie de conclusiones que permitirían tener una visión global y matizada de los objetivos de estudio y los resultados:

Existen dos temáticas principales: el desarrollo de las nuevas dinámicas de aprendizaje a los sistemas tradicionales valorando la opinión de los agentes activos en el proceso educativo (alumnos y profesores); y la evaluación de la eficiente integración de dispositivos, herramientas y dinámicas, valorando la capacidad, motivación de implantación de las instituciones, fomentando el autoconocimiento y una actitud más proactiva del estudiantado con su entorno.

La nomophobia se estudia desde el ámbito clínico y desde la sociedad se reclaman actuaciones preventivas. Aun siendo tan relevante su presencia en el día a día de jóvenes y adolescentes, no es prioritario en los objetivos de las investigaciones en el campo docente.

Es interesante comprobar que existe proliferación de estudios sobre la temática, sobre todo, en lo relacionado a las nuevas tecnologías y la docencia. Según el análisis de contenidos, los artículos con mayor número de citaciones dan pie a un ritmo creciente por parte del interés investigador por profundizar en la temática, respecto a el estudio del Smartphone como dispositivo para el aprendizaje, resulta significativamente bajo para la importancia que adquiere en la temática objeto de estudio. Aun existiendo proliferación de estudios sobre el aprendizaje ubicuo y la metodología mixta, es necesario más estudios para que se visibilice en la realidad docente y de las aulas.

6. Limitaciones y perspectivas futuras.

Las principales limitaciones encontradas giran en torno a la dificultad para analizar los resultados hallados en la terminología abreviada (b-learning y u-learning) y la extensa (blended learning y ubiquitous learning), haciendo hincapié en resultados dispares entre tópicos. Otra limitación hallada ha sido el análisis de los resultados a través de la evolución por años, campos de estudio, temática y demás, esto junto con la revisión de abstracts de los artículos elegidos, ha dificultado la tarea de una manera muy pronunciada.

Por otro lado, la reactualización de tópicos resultó en un escollo en el desarrollo de la investigación, aun siendo beneficiosa esta iniciativa para dar respuesta a los objetivos propuestos. El análisis por idiomas ha dificultado la comprensión correcta y la interpretación de algunos resultados.

Más allá de esto, la existencia de "resultados espejo", es decir, documentos que aparecen en dos o más búsquedas, también genera incertidumbre a la hora de matizar los resultados y extraer conclusiones.

Así, se considera que la investigación llevada a cabo cumple con los objetivos marcados para poder profundizar de manera actualizada y contextualizada en la temática, sin embargo, la metodología es mejorable en aspectos como los criterios de inclusión generales y específicos.

Al ser un punto de unión que cristaliza el Estado del Arte en el período 2010-junio de 2018 arroja perspectivas diferentes a las planteadas desde la literatura generalizada con respecto a temáticas como la nomophobia y al sintetizar todo el esfuerzo investigador en lo referente a los sistemas de aprendizaje digitalizados permite desarrollar futuras investigaciones que profundicen o sigan la estela de temas aquí tratados.

Referencias bibliográficas

Aguirre, J.F., Viano, H.J. y García, B. (2015). Una experiencia para fortalecer los procesos de enseñanza de la programación mediante el uso de entornos virtuales de aprendizaje. *Enseñanza y Aprendizaje de Ingeniería de Computadores*, 5, 69-78.

Balladares, J.A. (2017). *Educación digital y formación del profesorado en modalidad semipresencial y virtual (b-learning y e-learning). Estudios de caso*. Universidad de Extremadura.

Bianchi, A. & Phillips, J.G. (2005). Psychological predictors of problem mobile phone use. *Cyberpsycjoll Behav*, 8(1), 39-51.

Billieux, J., Schimmenti, A., Khazaal, Y., Maurage, P. y Heeren, A. (2015).Are we overpathologizing everyday life? A tenable blueprint for behavioral addiction research. *Journal of Behavioral Addictions*, 4, 119-123.

Burbules, N. C. (2013). Los significados del "aprendizaje ubicuo". *Revista de Política Educativa*, 11-19.

Busquet, J. y Garrido-Lora, M. y Munté-Ramos, R-À. (2016). De las TIC a las TRIC. Estudio sobre el uso de las TIC y la brecha digital entre adultos y adolescentes en España. *Anàlisi, Quaderns de Comunicació i Cultura*, 54, 44-57.

Cabero, J. (2004). Las herramientas de comunicación en el aprendizaje mezclado. *Pixel-Bit. Revista de Medios y Educación*, 23, 27-41.

Camacho, M. (2011) Mobile Learning: aproximación conceptual y prácticas colaborativas emergente. *UT Revista de Ciències de l'Educació, Decembre*, 43-50.

Caporarello, L. y Sarchioni, G. (2014). E-learning: The recipe for success. *Journal of E-Learning and Knowledge Society*, 10.

Carbonell, X. (2014). La adicción a los videojuegos en el DSM-V. *Adicciones*, 26(2), 91-95.

Centro Reina Sofía sobre Adolescencia y Juventud (2015). *Jóvenes en la red: un selfie*. Fundación de ayuda contra la drogadicción (FAD). Madrid.

Cerdán, A., Palomares, A., De Andrés, D., Daviu, E.A., Esteban, J., Ballester, J.V., Ruiz, J.C. y Villavieja, C. (2013). Aplicación de herramientas tecnológicas en la evaluación del proceso de enseñanza-aprendizaje: Uso de Smartphones en el aula. *Revista Internacional de Aprendizaje y Cibersociedad*. 17(1).

Dillenbourg, P. y Hong, F. (2008). The mechanics of CSCL macro scripts. *International Journal of Computer-Supported Collaborative Learning*, 3(1), 5-23.

Domínguez, A., Sáenz, J., De Marcos, L., Fernández, L., Pagés, C. y Martínez, J.J. (2014). Gamifying learning experiences: Practical implications and outcomes. *Computers & Education*, 63, 380–392.

Feijoo, B. (2017). El entorno del niño en la cultura digital desde la perspectiva intergeneracional. *Aposta revista de ciencias sociales*, 72.

Fernández-Ríos, L. y Buela-Casal, G. (2009). Standards for the preparation and writing of Psychology review articles. *International Journal of Clinical and Health Psychology*, 9(2), 329-344.

Garrison, D, R. y Anderson, T. (2003). *El e-learning en el siglo XXI: investigación y práctica*. Barcelona: Octaedro.

Gisbert, M. (2013). Nuevos escenarios para los aprendices digitales en la universidad. *Revista de Psicología, Ciències de l'Educació i de l'Esport*. 31(1), 55-64.

Grájeda, A.F. (2015). *Impacto de la utilización de la web 2.0 en el desempeño estudiantil.* Universitat Politècnica de València. Valencia.

Griffiths, M. D. (2015). *Online Games, Addiction and Overuse* of. En R. Mansell y P. Hwa Ang (eds.), The International Encyclopedia of Digital Communication and Society (pp. 1-8). Chichester UK: John Wiley & Sons, Inc.

Gutiérrez, L. (2012). Conectivismo como teoría de aprendizaje: conceptos, ideas, y posibles limitaciones. *Revista Educación y Tecnología*, 1, 111-122.

James D. & Drennan D. (2005). *Exploring Addictive Consumption of Mobile Phone Technology*. Trabajo presentado en la Conferencia de la Academia Australiana y Neozelandesa de Marketing. Perth. Australia.

Mason, R. y Rennie, F. (2006). *Elearning. The key concepts*. New York: Routledge.

Martyn, M. (2003). The hybrid online model: good practice. *Educase Quarterly*, 1, 18-23.

Montag, C., Kannen, B., Lachmann, R., Sariyska, É., Duke, M., Reuter, M. y Markowetz, A. (2017). The importance of analogue zeitgebers to reduce digital addictive tendencies in the 21st century, *Addictive Behaviors Reports*, 2, 23-27.

Morales, A.T. y Ramírez, A. (2015). Brecha digital de acceso entre profesores. *Debate Universitario*, 6.

Morán, L. (2012). Blended-learning. Desafío y oportunidad para la educación actual. *EDUTEC, Revista Electrónica de Tecnología Educativa*, 39, 1-19.

Motiwalla, L.F. (2007). Mobile learning: A framework and evaluation. *Computers & Education*, 49, 581–596.

Olmedo, K., Grané, M., & Crescenzi, L. (2012). *Uso y percepciones de uso de dispositivos móviles. Una visión desde la triangulación metodológica.* Paper presentado en el III Congreso internacional de la asociación española de investigación de la Comunicación. AE-IC.

Onrubia, J., Rochera, M.J. y Engel, A. (2015). Promover la regulación individual y grupal   del aprendizaje en entornos colaborativos: una experiencia en Educación Superior. *Electronic Journal of Research in Educational Psychology*, 13(1), 189-210.

ONTSI (2017). *Informe Anual la Sociedad en Red 2016 del ONTSI*. Madrid. Ministerio de Industria, Energía y Turismo.

Organización de las Naciones Unidas para la Educación, la Ciencia y la Cultura (UNESCO) (2012). *Aplicando el aprendizaje móvil. Temas globales.*

Ovalles, L.C. (2014). Conectivismo, ¿un nuevo paradigma en la educación actual? *FESC*, 7, 72-79.

Pedrero, E.J., Ruiz, J.M., Rojo, G., Llanero, M., Pedrero, J., Morales, S. y Puerta, C. (2018). Tecnologías de la Información y la Comunicación (TIC): uso problemático de Internet, videojuegos, teléfonos móviles, mensajería instantánea y redes sociales mediante el MULTICAGE-TIC. *Adicciones*, 30, 1.

Petrucco C. y Ferranti C. (2017), Developing Critical Thinking in online search, *JE-LKS. Journal of e-learning and knowledge society*, 3(13), 21-31.

Potenza, M. (2015). Perspective: behavioural addictions matter. *Nature*, 522, S62.

Rummler K., Seipold J., Lübcke L., Pachler N. & Attwell G. (2011). London Mobile Learning Group. *Mobile learning: Crossing boundaries in convergent environments Conference*, 21-22, Bremen, Germany.

Sáez, F. (2015). *De los ordenadores a los dispositivos móviles*. Citado en Giráldez, A. (coord.). De los ordenadores a los dispositivos móviles. Barcelona: Graó, 11-30.

Sánchez, R. B., Mallado, C. M., & González-Piñal, R. P. (2013). Cambios pedagógicos y sociales en el uso de las TIC: U-learning y u-portafolio. *Revista Electrónica De   Investigación y Docencia (REID)*, (10).

Siemens, G. (2004). *Connectivism: A Learning Theory for the Digital Age*. Recuperado de: https://goo.gl/vfLSZx

Terrence J. Sejnowski, T.J. y Quartz, S.R. (1997). The neural basis of cognitive development: A constructivist manifesto. *Behavioral and brain sciences*, 20, 537-596.

UIT (Unión Internacional de Telecomunicaciones) (2003). *Declaración de Principios. Cumbre mundial sobre la sociedad de la Información*. Recuperado de https://goo.gl/JwdGYt

Vásquez, M. (2014). Aplicación de modelo pedagógico blended learning en educación superior. *Didáctica, Innovación y Multimedia (DIM)*, 35, 1-17.

Viera, J.G. (2016). *Procesos de aprendizaje ubicuos. Situación actual en la ULPGC*. Universidad de Las Palmas de Gran Canaria.

Windschitl, M. (2002). Framing Constructivism in Practice as the Negotiation of Dilemmas: An Analysis of the Conceptual, Pedagogical, Cultural, and Political Challenges Facing Teachers. *Review of Educational Research*, 72(2), 131–175.

Anexo I. Consejos y normas establecidas por Fernández-Ríos, L. y Buela-Casal G. (2009).

En un primer momento, los artículos de revisión, se pueden encuadrar en: integradores (Cuantitativos como el meta-análisis), agregativos (unifican textos sobre un tema) e interpretativos (cualitativos con una interpretación científico-humanista desde la perspectiva teórica y de los resultados).

1. organización del artículo, siguiendo un esquema: título, introducción, objetivos, métodos (materiales, tipos de estudio, procedimiento, análisis de la información), resultados, discusiones y conclusiones y referencias bibliográficas.
2. comprensión histórica del tema, enmarcar la literatura recogida a través de la investigación en un marco socio-económico e histórico-cultural (p.333).
3. revisión bibliográfica, consultando las bases de datos más relacionadas con la temática o que puedan aportar de una mayor profundidad a la investigación. En este apartado, a la actitud investigadora en un artículo de revisión, se la denomina *conducta de información* (p.334-335).
4. estilo y comprensión de la argumentación, se debe exponer el tema de un modo concreto, claro, conciso y fácilmente comprensible, utilizando una comunicación no emotiva y clara (p.335).
5. relevancia teórico-práctica de la explicación de las conclusiones, no es lo mismo que se comprenda el texto a que se comprenda el marco social en el que se encuadra el texto y en qué modo (p.336).
6. perspectiva crítico interdisciplinar del trabajo,
7. recomendaciones para la investigación futura,
8. proponer aportaciones para el avance de la psicología.

Anexo II. Documentos relacionados con los objetivos específicos objetos de estudio.

Título	Autor y fecha	Campo de estudio	Metodología	Temáticas
b-learning OR blended learning AND teaching AND higher education				
Online formative assessment in higher education: A review of the literature*	Gikandi, J.W., Morrow, D., Davis y N.E. (2011)	Educación	Revisión sistemática	Evaluación, blended learning, profesorado/alumnado.
Promover la regulación individual y grupal del aprendizaje en entornos colaborativos: una experiencia en Educación Superior	Onrubia, J., Rochera, M.J. y Engel, A.(2015).	Educación	Experimental	Metodología b-learning, experiencia docente-estudiante/estudiante.
Orientación y acción tutorial en la universidad: aportes desde el aprendizaje-servicio.	Gezuraga, M. y Malik, B. (2015)	Educación	Revisión sistemática	Aprendizaje Servicio, orientación y tutoría universitaria, desarrollo de competencias éticas, académicas y profesionales.
Blended learning in higher education: Students' perceptions and their relation to outcomes*	López-Pérez, M.V., Pérez-López, M.C. y Rodríguez-Ariza, L.E (2011)	Educación	Experimental longitudinal	Efectividad de metodología b-learning en muestra de universitarios a través de sus calificaciones.
Blended learning in higher education: Institutional adoption and implementation*	Porter, W.W., Graham, C.R., Spring, K.A. y Welch, K.R. (2014)	Educación	Revisión sistemática	Adopción de metodología b-learning según concienciación, implementación temprana y crecimiento.
Harmonizing technology with interaction in blended problem-based learning*	Donnelly, R (2010)	Educación	Revisión sistemática	Factores que propician la integración de la metodología b-learning.
Developing an appropriate design of blended learning with web-enabled self-regulated learning to enhance students' learning and thoughts regarding online learning	Tsai, C.W., Shen, P.D y Tsai, M.C. (2011)	Educación	Experimental	Integración dinámica de b-learning, adolescentes, mejores ratios de aprendizaje.
Why are faculty members not teaching blended courses? Insights from faculty members	Ocak, M.A. (2011)	Educación	Estudio de caso cualitativo	Entrevista a miembros facultativos sobre complejidad y retos de la dinámica blended learning.
NOTA: Estos estudios corresponden a los principales resultados (en cuanto a mayor número de citaciones –de 50 en adelante-) de todas las bases de datos. Además, son resultados que se localizan por igual tanto en WoS y Scopus, por un lado, y Dialnet o Teseo, por otro.				

Título	Autor y fecha	Campo de estudio	Metodología	Conclusiones
u-learning OR ubiquitous learning AND teaching AND smartphone				
Application of context-aware and personalized recommendation to implement an adaptive ubiquitous learning system	Shu-Lin, Wanga. y Chun-Yi, Wu. (2011).	Aprendizaje	Estudio teórico	Características del u-learning en función de su adaptabilidad al entorno de aprendizaje.
The design and implementation of a meaningful learning-based evaluation method for ubiquitous learning	Yueh-Min, Huang., Po-Sheng., Chiu., Tzu-Chien, Liu. y Tzung-Shi, Chen. (2011).	Aprendizaje	Estudio teórico	Análisis de la relación entre aprendizaje significativo y u-learning.
Los smartphones en educación superior. Diseño y validación de dos instrumentos de recogida de información sobre la visión del alumnado.	Salcines, I. y González, N. (2015).	Educación	Experimental	Validación de dos instrumentos de evaluación diagnóstica.
1)A knowledge acquisition approach to developing Mindtools for organizing and sharing differentiating knowledge in a ubiquitous learning environment	Gwo-Jen, Hwang., Hui-Chun, Chu., Yu-Shih, Lin. y Chin-Chung, Tsai. (2011).	Educación	Experimental	Análisis de la capacidad de aprendizaje e identificación de datos, adolescentes, dinámica u-learning (Mindtools).
2) Effects of teaching and learning styles on students' reflection levels for ubiquitous learning	Sheng-Wen, Hsieh., Yu-Ruei, Jang., Gwo-Jen, Hwang. y Nian-Shing, Chen. (2011).			
A systematic approach for learner group composition utilizing u-learning portfolio	Yueh-Min, Huang. y Ting-Ting, Wu (2011).	Educación	Experimental longitudinal	Desarrollo y análisis psicométrico de la utilidad y características de un u-portfolio.
College students' conceptions of context-aware ubiquitous learning: A phenomenographic analysis	Pei-Shan, Tsai., Chin-Chung, Tsai. y Gwo-Haur, Hwang. (2011).	Educación	Experimental	Estudio sobre la concepción del u-learning, por parte del alumnado.
An investigation of attitudes of students and teachers about participating in a context-aware ubiquitous learning activity	Ju-Ling, Shih., Hui-Chun, Chu., Gwo-Jen Hwang and Kinshuk. (2011).	Educación	Experimental	Percepcion de profesores y alumnos sobre la implementación del "context-aware u-learning".
NOTA: El número de resultados tanto en Scopus como en WoS son muy dispares, cinco documentos para el primero y 88 para el segundo.				

Título	Autor y fecha	Campo de estudio	Metodología	Conclusiones
Nomophobia / Nomophobia AND Smartphone / Nomophobia AND higher education OR teaching				
Escala de riesgo de adicción-adolescente a las redes sociales e internet: fiabilidad y validez (ERA-RSI)	Peris, M., Maganto, C. y Garaigordobil, M. (2018).	Adolescentes. Clínico	Experimental	Desarrollo y análisis psicométrico de la escala ERA-RIS.
Exploratory investigation of theoretical predictors of nomophobia using the Mobile Phone Involvement Questionnaire (MPIQ)	Argumosa-Villar, L., Boada-Grau, J. y Vigil-Colet, A. (2017).	Adolescentes. Clínico	Experimental	Análisis de factores de personalidad (autoestima, extraversión, consciencia emocional y estabilidad emocional) y demográficos a través del instrumento MPIQ.
Smartphone habit and behavior in Brunei: Personalization, gender, and generation gap	Anshari, M., Alas, Y., Hardaker, G., Jaidin, J.H., Smith, M. y Ahad, A.D. (2016)	Adolescentes. Clínico.	Experimental	Análisis de las propiedades demográficas que conglomera el principal grupo (los adolescentes) en riesgo de adicción a las redes sociales e internet.
Exploring the dimensions of nomophobia: Development and validation of a self-reported questionnaire	Yildirim, C. y Correia, A.P. (2015)	Adolescentes. Clínico.	Experimental cualitativo en dos fases	Validación de la escala NMP-Q a través de una metodología mixta de dos fases,
A growing fear: Prevalence of nomophobia among Turkish college students	Yildirim, C., Sumuer, E., Adnan, M. y Yildrim, S. (2015)	Adolescentes. Clínico.	Experimental	Aplicación de la escala NMP-Q con el fin de conocer la prevalencia y sus principales inquietudes.
The Psychometric Properties of the Smartphone Application-Based Addiction Scale (SABAS)	Csibi, S., Griffiths, M.D., Cook, B., Demetrovics, Z. y Szabo, A. (2017).	Adolescentes. Clínico.	Experimental	Validación de la escala SABAS.
Understanding Nomophobia: Structural Equation Modeling and Semantic Network Analysis of Smartphone Separation Anxiety	Han, S., Joon, K. y Hyun Kim, J. (2017)	Adolescentes y adultos. Clínico.	Experimental	Analiza los determinantes de la ansiedad por separación del Smartphone.
NOTA: Los resultados en WoS para nomophobia AND higher education OR teaching arrojan un único resultado. En Scopus, el único resultado pertenece a otra materia no objeto de estudio. En cuanto a Dialnet, se obtiene un único resultado con la búsqueda nomophobia AND universidad.				

Anexo III. Datos auxiliares para la comprensión profunda de los resultados obtenidos.

Bases de datos (se muestra el cómputo global, si es necesario, se destaca algún resultado de una o más bases de datos).			
Tópicos centrales	**Instituciones destacadas**	**Volumen por idioma**	**Área de conocimiento**
b-learning	Monash University Tomskij Politehniceskij Universitet University of Ljubljana Universitat de Barcelona Universidad de Granada	Inglés (12.890) Español (202)	**Educación** (Improving classroom teaching, Teaching/learning strategies, Pedagogical issues, Problem-based learning, Assessment, Formative assessment, Online learning, Innovative pedagogical strategy, Blended learning, Aprendizaje-Servicio, Orientación, Acción tutorial, EEES, aprendizaje autorregulado, entorno colaborativo, aprendizaje servicio.)
AND teaching AND higher education	Asociación Española de Orientación y Psicopedagogía Universidad Católica Los Ángeles de Chimbote Universidade da Coruña	Inglés (724) Español (122)	
u-learning	Asociación española de orientación y psicopedagogía Guangzhou Medical University Univerzita Hradec Kralove Rice University Technische Universitat Graz Wright-Patterson AFB	Inglés (1.907) Español (253)	**Educación** (Aprendizaje móvil, Tecnología educacional, Tablet PC, Tablets, iPad, collaborative learning, Ubiquitous learning, Context awareness, Adaptive learning, Interactive learning environments, NFC, assisted learning, Medical Histology, teaching, Smarphone, Interactive learning environments, Mobile and ubiquitous learning, Mindtools)
AND teaching AND Smartphone		Inglés (86) Español (8)	
Nomophobia	Revista de Psicología Clínica con Niños y Adolescentes Universiti Teknologi MARA Iowa State University HEC Universidade Federal do Rio de Janeiro Universidade Federal Fluminense	Inglés (26) Español (3)	**Clínica** (Mobile addiction, Nomophobia, Nomophobia questionnaire, validation, mobile phone, dependency, anxiety, cognitive behavioral therapy, Panic, Phobia, Behavior, addiction; social network, adolescents, smartphone, self-esteem, personality, technostress, dimensions of nomophobia, NMP-Q, situational phobia, smartphone separation anxiety, extended self, attachment, semantic network analysis)
AND teaching		(-)	

CAPÍTULO V

REVISIÓN TEÓRICA SOBRE EL USO DE LAS TIC Y EL SMARTPHONE EN LA DOCENCIA UNIVERSITARIA

Dra. Gema Paramio Pérez
Universidad de Huelva
D. Claudio Delgado Morales
Universidad de Huelva
Dra. Patricia de Casas Moreno
Universidad Antonio de Nebrija

Resumen

Las tecnologías de la información y la comunicación avanzan más rápido en su desarrollo que la investigación en sí misma debido a los largos períodos que suponen las revisiones de las editoriales. La tecnología está en todas las esferas de nuestra vida, si bien, la inclusión del smartphone ha cobrado relevancia al transformar los procesos comunicativos y de aprendizaje en algo diferente. El objetivo de este trabajo es conocer el estado del arte en referencia a los nuevos contextos educativos y al uso del smartphone en el contexto de la Educación Superior. Se realizó una revisión sistemática desde el punto de vista agregativo e interpretativo. Se ha llevado a cabo, para ello, una revisión por tópicos en Web Of Science, Scopus, Dialnet y Teseo, en un período comprendido entre 2010 y 2017. Los resultados indican que el mayor volumen de investigación en las cuatro bases de datos fueron aquellos relacionados con las TIC y la educación universitaria de una forma más genérica. La proporción de artículos va descendiendo a medida que se hacen búsquedas relativas a b-learning y u-learning, con un repunte en los últimos 4 años, pero siendo bastante escasos aún y refiriéndose a temáticas muy dispares.

Palabras claves

docencia universitaria, procesos de aprendizaje, m-learning y u-learning, smartphone, revisión teórica.

1. Introducción

Es un hecho que, las tecnologías de la información y la comunicación (en adelante TIC) –sobre todo cuando hablamos de redes sociales (en adelante RRSS)-, avanzan más rápido en su desarrollo que la investigación en sí misma, en parte debido a los largos períodos que suponen las revisiones de las editoriales. Las TIC están invadiendo nuestro día a día, pues forman parte de la cultura tecnológica y, por tanto, debemos aprender a convivir con las mismas (Majó y Marquès, 2002).

Según Internet WorldStats [IWS] (2017), la cifra de usuarios que acceden a Internet a nivel mundial asciende ya a casi 4 mil millones, concretamente 3.885.567.619. Por su parte, en España el 85,6% de la población de 16 a 74 años de edad ha usado Internet durante los tres últimos meses del año 2017 (Instituto Nacional de Estadística [INE], 2017). Desde luego son cifras nada despreciables en nuestra sociedad (Torres-Albero, 2002).

Evidentemente una apropiada utilización de las TIC produce importantes beneficios. Entre los aspectos más destacables, Tello-Leal (2007) y Majó y Marquès (2002) apuntan la posibilidad de acceder a la información desde cualquier lugar del planeta obviando fronteras; pero también conlleva ciertos problemas especialmente entre los menores –entendiéndose ya como alarma social- al ser los que mayor uso hacen de ellas (Labrador-Encinas y Villadangos-González, 2010). Otros autores como Echeburúa, del Corral y Amor (citados en Labrador-Encinas y Villadangos-González, 2010) destacan la siguiente premisa: "Cualquier conducta normal puede convertirse en patológica en función de la intensidad, frecuencia o cantidad de dinero invertida en ella y del grado de interferencia en las relaciones familiares, sociales y/o laborales de las personas implicadas". De acuerdo con esto, Aznar-Díaz, Cáceres-Reche e Hinojo-Lucena (2005) señalan que tales circunstancias originan posicionamientos a favor (tecnófilos) o en contra (tecnófobos).

Con todo, Morillas-Barrio (2016) explica que, gracias al empleo de las TIC en el aula, las habilidades docentes se desarrollan en todos los niveles de un modo más eficaz al implicar nuevos métodos y formas de pensar basadas en la práctica. Ya es posible un aprendizaje transparente y de calidad sea cual sea la parcela de conocimiento, además de dotar –mediante la gestión del tiempo- al alumnado de autonomía (Cabrera-Lozoya, 2012). Su uso, teniendo en cuenta las aportaciones de Moguel-Marín y Alonzo-Rivera (2009), refuerza los entornos educativos actuales por la interacción permanente entre profesorado y alumnado y, por supuesto, entre los propios discentes. En suma, el avance de las TIC y las RRSS han proporcionado nuevos ecosistemas de aprendizaje; sin embargo, Scolari (2015) explica que los jóvenes, para aprender, emplean clásicas estrategias (imitación o simulación) en nuevos entornos. Por ello, precisamente, debemos emprender constantes revisiones si queremos avanzar en cuestiones de ésta índole, máxime cuando estamos en una sociedad post tecnológica que está experimentando continuos cambios.

1.1. Justificación

Entre los distintos métodos de difusión científica, los artículos científicos son los que obtienen mejor valoración básicamente porque pasan un proceso de selección sumamente sistemático y exhaustivo. Los artículos de revisión, excepto en el caso de las revistas que se dedican a publicar los mismos, son difícilmente publicables por su complejidad. Ahora bien. Fernández-Ríos y Buela-Casal (2009) demuestran que tales artículos son muy importantes en la difusión científica al contribuir a un resumen favorable del estado de la investigación en un tema en cuestión. Son ineludibles, entonces, los trabajos de esa categoría (revisiones sistemáticas). Es un tema novedoso y, de hecho, hay escasas publicaciones respecto al uso del smartphone en la docencia universitaria, por lo que evitar el desfase entre la investigación y la innovación docente debe ser una prioridad para los profesionales implicados.

2. Marco teórico

2.1. Ecosistemas de aprendizaje en el siglo XXI

Según Cobo-Romaní (2009) las TIC engloban elementos como el hipertexto, multimedia, Internet, realidad virtual y televisión por satélite. Dado que permiten nuevos ecosistemas de aprendizaje interconectados que favorecen, igualmente, nuevos entornos comunicativos y expresivos, Almenara, Barroso-Osuna, Romero-Tena, Llorente-Cejudo y Román-Graván (citados en Cobo-Romaní, 2009), recalcan la siguiente noción: "Los receptores desarrollan nuevas experiencias formativas, expresivas y educativas". De ahí que, en palabras de Tello-Leal (2007), se procure "potenciar la competitividad y el rendimiento de las personas y organizaciones a la hora de manejar cualquier tipo de información". En este sentido, Scolari (2015) sostiene que los medios generan ambientes que afectan, a su vez, a los sujetos que los utilizan sin ser conscientes de ello.

Da comienzo, así, un nuevo tipo de sociedad etiquetada como sociedad informacional (Torres-Albero, 2002). De nuevo Aznar-Díaz et al. (2005) indican que las TIC han dado lugar a un potente y profundo impacto en todos los ámbitos y niveles de la vida diaria, tanto positiva como negativamente. Por eso, autores como Castells, Postman y Terceiro (citados en Paramio-Pérez, 2015) distinguen tres conceptos a partir de la aparición de las TIC:

"Sociedad Red, Tecnópolis y Sociedad Digital, pretendiendo ser más neutros al catalogar a la civilización como una sociedad basada en el conocimiento".

Internet, sin duda, ha adquirido un protagonismo notable en el último tiempo, ya que no solamente se trata de una plataforma tecnológica para el intercambio de información (Laguna-Segovia, 2013; Tello-Leal, 2007), sino una nueva forma de interacción con el entorno.

2.1.1. Evolución de los modelos: e-learning, m-learning, u-learning y b-learning

Desde la era industrial hasta la actualidad, han sido y son protagonistas de los procesos formativos las teorías pedagógicas. La *Teoría Conductista*, forjada durante la Revolución Industrial, imposibilita la creatividad del alumnado al no considerar sus cualidades y/o necesidades dentro de un currículo cerrado y obligatorio, ya sea en un contexto analógico o virtual (Camarero-Cano, 2015). A diferencia de los conductistas, en la *Teoría Cognitivista* el aprendizaje se manifiesta en virtud de un desarrollo neurológico. Se apuesta por un currículo abierto y, como determina Camarero-Cano (2015), es preciso entender el esquema que utiliza la mente para organizar el conocimiento. Por su parte, la *Teoría Constructivista* enfatiza el aprendizaje por medio del individuo y su entorno. Aquí el aprendizaje se entiende como un proceso plenamente activo de construcción más que de adquisición de conocimientos y, la enseñanza –conforme a Camarero-Cano (2015)-, un proceso de apoyo a esa construcción más que intercambio de conocimientos respectivamente.

Como alternativa a las corrientes pedagógicas conductistas, cognitivistas y constructivistas que mostraron excesivas limitaciones tras la aparición de Internet y las tecnologías digitales, aparece la *Teoría Conectivista*. Impulsada por George Siemens a principios del s. XXI para cumplir con las necesidades que la era digital había generado, esta teoría del aprendizaje refuerza la idea de que el proceso formativo se da fuera de la persona o, dicho de otro modo, en el entorno y manipulado por la tecnología, de manera que el punto de partida del conectivismo es el individuo (Camarero-Cano, 2015).

En los años noventa, cuando Internet se integró en el ámbito académico, se comenzó a utilizar el término *e-learning*. Según Santos (citado en Laguna-Segovia, 2013), es clave tener en cuenta la siguiente puntualización: "El término *e-learning* hace referencia, por una parte, al uso de Internet (e-), y por otra a una metodología centrada en el sujeto que aprende (learning)". El modelo ha ido evolucionando hasta tal punto que implica ya un aprendizaje avalado por la innovación tecnológica y educativa, además de todos los conceptos y categorías sujetas a tales procesos de innovación: ubicuidad, brecha digital, conectividad, redes sociales, TIC, Internet, etc. (Campos-Martínez, 2015).

Análogamente, hablamos de *m-learning* o aprendizaje móvil cuando se unen el modelo *e-learning* y el uso de dispositivos móviles. Rodríguez-Fernández (2017) asegura que, actualmente, dicho término defiende la inclusión de los smartphones, solos o combinados con otros tipos de TIC, con el propósito de facilitar el aprendizaje. Esta modalidad tiene como principal característica la ubicuidad, es decir, aprender en cualquier sitio, a cualquier hora y desde cualquier dispositivo (Camarero-Cano, 2015). Es más, Campos-Martínez (2015) señala que "la lógica de la enseñanza futura se basará en plataformas digitales, redes sociales, aprendizaje ubicuo, espacios compartidos, proyectos, competencias y adaptación al medio" (p.198).

En el marco del aprendizaje ubicuo y evolucionando en su momento el propio concepto de *e-learning*, Carmona y Puertas, 2012; Barragán-Sánchez, Mimbrero-Mallado y González-Piñal, 2013 se refieren a la idea de *u-learning* como la posibilidad de extender el ambiente de aprendizaje al entorno cotidiano gracias a la televisión interactiva, portátiles, móviles, tablets o la Web 2.0 integrando, precisamente, a los ya comentados términos *e-learning* y *m-learning*.

Conocido como un modelo de aprendizaje centrado en el constructivismo y diversas estrategias pedagógicas en concordancia con las tecnologías Web, aparece la idea de *b-learning* (Mireles, 2016). Aquí se combina el aprendizaje que integra situaciones presenciales con las experiencias online (Serrano-Sánchez, 2013). Aznar-Díaz, Cáceres-Reche e Hinojo-Lucena (2009) apoyan en gran medida tal modelo al hacer posible lo positivo e innegable de la formación presencial (desarrollo de actitudes y habilidades) con lo bueno y fructífero de la educación a distancia (interacción, rapidez y factores económicos).

Desde otro punto de vista, Gutiérrez-Martín (2010) habla de la denominada *Educación Multimedial*, esto es, la integración de tecnologías actuales en el contexto educativo para desarrollar en el alumnado la capacidad de comunicación, el espíritu crítico y la autonomía a fin de comprender y convivir con las innovaciones tecnológicas de cada época.

Entre las ventajas de las herramientas asociadas a las TIC, las referidas al mundo educativo universitario son un claro reflejo del nuevo paradigma educativo.

> Se facilita la comunicación entre profesores y alumnos, eludiendo los problemas de horarios y distancias. Se facilitan nuevos canales de comunicación entre los estudiantes, según sus intereses e inquietudes (foros de discusión, listas de distribución, etc.). Y se suministra una cantidad enorme de información, con gran rapidez y con coste bajo. (Torres-Albero, 2002, p.4).

Efectivamente, Torres-Albero (2002) opina que esta novedosa situación está directamente relacionada con la alteración de los vectores espaciales (aulas) y temporales (clases en horario) que han presidido el proceso de enseñanza-aprendizaje (en adelante proceso de E/A) universitario, pues ha dado lugar a una nueva dimensión espacio-temporal: el ciberespacio.

2.2. Recursos digitales aplicados a la educación

Internet, hoy en día, ofrece al profesorado una gran cantidad de recursos con un sinfín de usos y características diferentes para emplear en el aula (Córcoles-Tendero, 2011; Quirós-Meneses, 2009). La aparición de materiales y recursos ilimitados en formato digital también se da, tal y como recoge Silva-Galán (2011), por la incorporación y expansión de innumerables elementos tecnológicos en el aula como las pizarras digitales interactivas (en adelante PDI); la proliferación de dispositivos móviles de última generación; o la democratización del derecho a la publicación entre otros factores. Podemos diferenciar, por tanto, aquellos contenidos y recursos editoriales con finalidades meramente educativas; contenidos propios de portales educativos institucionales; materiales diseñados por el profesorado; y, por supuesto, publicaciones del propio alumnado (Silva-Galán, 2011). Existen otros contenidos, no obstante, que se han ido adaptando y redigitalizando a la dinámica diaria del aula pese a no estar pensados para el ámbito educativo en un principio.

2.3. Ubiquitous learning: el smartphone

Como sistema de respuesta a las continuas demandas tecnológicas de la sociedad, tenemos en la actualidad la tecnología literalmente en nuestros bolsillos, de ahí el vocablo smartphone o, bien, teléfono inteligente. Se trata de un tipo de teléfono móvil con una mayor capacidad para realizar actividades y almacenar datos aparte de poseer una conectividad superior frente al convencional (Martínez-Polo, 2011). Entre sus capacidades técnicas, que han propiciado claramente su aceptación, Organista-Sandoval, McAnally-Salas y Lavigne (2013) destacan su tamaño reducido, su carácter personal, su don de ubicuidad y, por ende, una gran conectividad para acceder en cualquier momento y lugar a sitios de información, así como RRSS. Dans-Álvarez de Sotomayor (citada en Campos-Martínez, 2015), se refiere a las RRSS de la siguiente manera: "Son una estructura social compuesta de personas conectadas por cierto tipo de relaciones que integran parentesco, intereses sociales y económicos, o relaciones sexuales o de prestigio". El objetivo es compartir contenidos asociados a un perfil personal en concordancia con una interacción y reconocimiento social permanentes (Campos-Martínez, 2015, p.158).

Sevillano-García y Vázquez-Cano (2013) manifiestan que los smartphones, junto con las tabletas digitales o tablets y e-books, se consideran dispositivos portátiles. Incluyen, asimismo, una aplicación (en adelante App), es decir, un tipo de programa informático diseñado exclusivamente para dichos dispositivos (ya sean de Apple o con sistema operativo Android) que permite ejecutar uno o varios trabajos simultáneamente (Morchón-García y Fernández-Ábalos, 2014). Ahora bien. Gil-González (2013) recalca que una App es accesible cuando cualquier usuario, de manera provechosa, se beneficia de la misma en su dispositivo móvil independientemente de la funcionalidad que contenga.

Existen autores que se refieren al smartphone como un excelente potencial educativo. Es el caso de Henríquez-Ritchie, González-Barbera y Organista-Sandoval (2014), quienes exponen:

> "La posibilidad de acceder a la red de manera inalámbrica para buscar, consultar, manejar y compartir información; sus múltiples vías de comunicación; el manejo de medios; las aplicaciones informáticas; y, por supuesto, las aplicaciones de organización, hacen del smartphone un excelente potencial educativo, lo cual puede beneficiar las actividades académicas de estudiantes y docentes". (p.246).

La Cumbre Mundial sobre la Sociedad de la Información [CSMI] (citada en Laguna-Segovia, 2013) resalta el siguiente punto: "Las TIC pueden contribuir a lograr una enseñanza universal, dado que éstas hacen posible enseñar y capacitar al profesorado y al alumnado a lo largo de su vida, sin someterse a ningún tipo de barreras espaciales ni temporales".

2.3.1. Influencia del smartphone en el contexto universitario: percepción del profesorado y el alumnado

La presencia de smartphones en el aula hace que el alumnado pierda significativamente la atención por la interacción continua en RRSS ajenas a la docencia. Por consiguiente, el uso de RRSS con fines educativos constituye un desafío para la enseñanza debido a que el profesorado interactúa todo el tiempo con sus ya nativos digitales (Campos-Martínez, 2015). La insuficiente orientación institucional, especialmente en la docencia superior sobre el uso de smartphones, es una de las principales causas en este aspecto; mas no debemos olvidar que su utilización (coherentemente acorde al trabajo colaborativo) favorece el autoaprendizaje y enriquece la motivación (Chacón-Ortiz, Camacho-Gutiérrez y Heredia-Escorza, 2017).

Metodologías como la gamificación mediante el smartphone suponen un primer paso en la generación de *vivencias narrativas* porque permiten al alumnado aprender de forma alternativa al mismo tiempo que se refuerzan determinadas competencias en base a las relaciones interpersonales que derivan del juego (Scolari, 2013). De modo similar, Rodrigo-Cano (2016) plantea que el aprendizaje basado en problemas (en adelante ABP o PBL) es idóneo por su flexibilidad y carácter ubicuo.

En síntesis, es cierto que el alumnado reclama una preparación superior por parte del profesorado; sin embargo, la producción de aplicaciones diseñadas específicamente para el contexto formativo aún se encuentra limitada (Pérez-Jiménez y Río-Rey, 2017).

3. Objetivos

3.1. Objetivo general

Conocer el estado del arte de la investigación sobre el uso de las TIC y el smartphone en la docencia universitaria.

3.2. Objetivos específicos

- Reflejar la progresión cuantitativa de la investigación sobre e-learning, b-learning y u-learning en los espacios de Educación Superior.

- Analizar el contenido de los artículos referidos al u-learning en el contexto universitario.

- Conocer los diferentes usos del smartphone como recurso pedagógico.

- Identificar posibles limitaciones en la investigación del estudio del smartphone en contextos universitarios.

4. Método

4.1. Tipo de estudio

Este trabajo se basa en una revisión sistemática desde un punto de vista agregativo (al reunir textos sobre un determinado tema) e interpretativo por la prioridad de aspectos cuantitativos de acuerdo a una interpretación científico-humanística de la perspectiva teórica y los resultados (Fernández-Ríos y Buela-Casal, 2009).

Para la realización del estudio se siguieron distintas etapas reflejadas en la Tabla 1. Se tuvieron en cuenta, asimismo, ciertas normas y recomendaciones a la hora de planificar, desarrollar y redactar una revisión sistemática respectivamente (Perestelo-Pérez, 2013).

4.2. Materiales a utilizar

Siguiendo las sugerencias de Fernández-Ríos y Buela-Casal (2009), las unidades de análisis con las que se elabora el presente trabajo de revisión son cuatro bases de datos electrónicas (Dialnet, Teseo, Scopus y Web Of Science), las cuales fueron seleccionadas por sus diferentes características en concordancia, obviamente, con las posibilidades que ofrecen. Se detallan, por estas razones, a continuación:

Dialnet, creada por la Universidad de La Rioja, es considerada una de las mayores bases de datos en cuanto a portales bibliográficos del mundo se refiere apostando, además, por el acceso abierto; aunque su contenido – exclusivamente científico- solamente comprende lenguas iberoamericanas. Los recursos documentales en los que se basa el portal (cerca de 6 millones) son artículos de revistas, artículos de obras colectivas, libros, actas de Congresos, reseñas bibliográficas y tesis doctorales.

Teseo es una base de datos del Ministerio de Educación, Cultura y Deporte del Gobierno de España que engloba únicamente tesis doctorales defendidas en universidades españolas. Sin embargo, reúne y gestiona información desde 1976. Actualmente, el total de tesis doctorales registradas asciende a 233.539.

Scopus es la mayor base de datos de referencias bibliográficas y citas revisadas por pares (revistas científicas, libros y actas de Congresos) en funcionamiento desde 1996. Es propiedad de la empresa *Elsevier* e incluye, a día de hoy, 18.000 revistas publicadas por más de 5.000 editores internacionales, patentes y web sites integradas. Entre sus ventajas, sobresalen las distintas herramientas inteligentes para rastrear, analizar y visualizar investigaciones.

Web Of Science es una plataforma que, por medio del acceso a un conjunto de bases de datos, abarca referencias de las principales publicaciones científicas de cualquier disciplina del conocimiento desde 1945 bajo el sello de la empresa *Clarivate Analytics*. Dispone de más de 10.000 artículos de revista y 100.000 actas de Congresos aproximadamente y, por tanto, se considera fundamental para el progreso de la comunidad científica y tecnológica.

4.3. Procedimiento

Durante los meses de octubre a enero de 2017-2018 se procedió a una búsqueda exhaustiva –acotándola a los años comprendidos desde 2010 hasta 2017- en las cuatro bases de datos electrónicas anteriormente detalladas: Dialnet, Teseo, Scopus y Web Of Science (Tabla 1).

Tabla 1. Búsquedas en bases de datos, fechas y períodos.

Bases de datos	Fechas	Períodos	Búsquedas
Dialnet	24/10/2017; 25/10/2017; 01/11/2017; 02/11/2017	Desde octubre de 2017 hasta noviembre de 2017	4
Teseo	08/11/2017; 09/11/2017; 10/11/2017	Noviembre de 2017	3
Scopus	20/11/2017; 21/11/2017; 22/11/2017; 30/11/2017; 01/12/2017	Desde noviembre de 2017 hasta diciembre de 2017	5
Web Of Science	07/12/2017; 13/12/2017; 14/12/2017; 09/01/2018; 10/01/2018	Desde diciembre de 2017 hasta enero de 2018	5
Búsquedas totales			17

Fuente: elaboración propia.

Consecutivamente se detallan, de manera precisa, las búsquedas realizadas en las cuatro bases de datos con los diferentes términos en castellano e inglés, así como los criterios de inclusión y exclusión (Tabla 2). Se ha excluido de la búsqueda, eso sí, el término *m-learning* al estar implícito –junto a *e-learning*- en el ya aclarado modelo *b-learning*.

Tabla 2. Términos usados en las diferentes bases de datos, criterios de inclusión y exclusión.

Bases de datos	Dialnet	Teseo	Scopus	Web Of Science
Términos en castellano e inglés	TIC; b-learning; u-learning; universidad	TIC; blended learning; universidad	ICT; b-learning; u-learning university; NOT school	ICT; b-learning; u-learning; university
Criterios de inclusión	Publicaciones en formato de trabajos de revisión, artículos de investigación y tesis doctorales; años comprendidos entre 2010 y 2017; Área de Ciencias Sociales; publicaciones sobre la Educación Superior; y disponibilidad en las bases de datos de Dialnet, Teseo, Scopus y Web Of Science			
Criterios de exclusión	Publicaciones sobre Educación Infantil, Educación Primaria o Educación Secundaria Obligatoria; publicaciones no relacionadas con el uso del smartphone; y publicaciones anteriores a 2010 y posteriores a 2017			

Fuente: elaboración propia.

Las búsquedas –análogas- en cada base de datos se desarrollaron teniendo en cuenta los operadores boléanos AND, OR y NOT (éste último, particularmente, en bases de datos de lengua inglesa), acotando las búsquedas, tal y como queda indicado anteriormente, en el Área de Ciencias Sociales, por orden cronológico y artículos científicos.

En otro orden de cosas, en la base de datos Scopus se procedió a la búsqueda conforme a los apartados *Article title*, *Abstract*, *Keywords*, mientras que en la base de datos Web Of Science se tuvo en cuenta el apartado de título y el apartado de tema.

También, para realizar una búsqueda más efectiva (y segura) de los criterios mencionados, se empleó una última estrategia para hallar más artículos relacionados con la revisión que se estaba desarrollando. Por esta razón, tal estrategia consistió en analizar los artículos que se citaban en los primeros seleccionados (de interés para la revisión) incluyendo, de esta forma, algunos estudios no recogidos al comienzo de la misma.

4.4. Análisis de la información

Apoyándome una vez más en las aportaciones de Fernández-Ríos y Buela-Casal (2009) junto con Núñez-Prats y Garcia-Mas (2017), el material se ha organizado por fecha de publicación (orden cronológico) y por tipo de material —valga la redundancia- para facilitar su análisis y posterior interpretación.

5. Resultados

Los datos mostrados en las siguientes tablas corresponden a las búsquedas en las bases de datos Dialnet (Tabla 3), Teseo (Tabla 4), Scopus (Tabla 5), Web Of Science (Tabla 6) y, a nivel general, los resultados totales de cada término desde 2010 hasta 2017 al unificar las bases de datos respectivamente (Gráfica 1). Se trata de rastreos sucesivos con los distintos emparejamientos de acuerdo a los términos y/o palabras claves previamente seleccionadas para sondear los pertinentes volúmenes de trabajo.

Tabla 3. Resultados de la búsqueda en la base de datos Dialnet.

Términos	Resultados
TIC	10.854
TIC, b-learning	2.187
TIC, b-learning, u-learning	1.939
TIC, b-learning, u-learning, universidad	1.285

Fuente: elaboración propia.

Tabla 4. Resultados de la búsqueda en la base de datos Teseo.

Términos	Resultados
TIC, blended learning	10
TIC, blended learning, universidad	3

Fuente: elaboración propia.

Tabla 5. Resultados de la búsqueda en la base de datos Scopus.

Términos	Resultados
ICT	6.542
ICT, b-learning	9
ICT, b-learning, u-learning	4
ICT, b-learning, u-learning, university	1
ICT, b-learning, u-learning, university, NOT school	1

Fuente: elaboración propia.

Tabla 6. Resultados de la búsqueda en la base de datos Web Of Science.

Términos	Resultados
ICT	9.414
ICT, b-learning	2.788
ICT, b-learning, u-learning	1
ICT, b-learning, u-learning, university	0

Fuente: elaboración propia.

Gráfica 1. Resultados totales de cada término en las cuatro bases de datos desde 2010 hasta 2017.

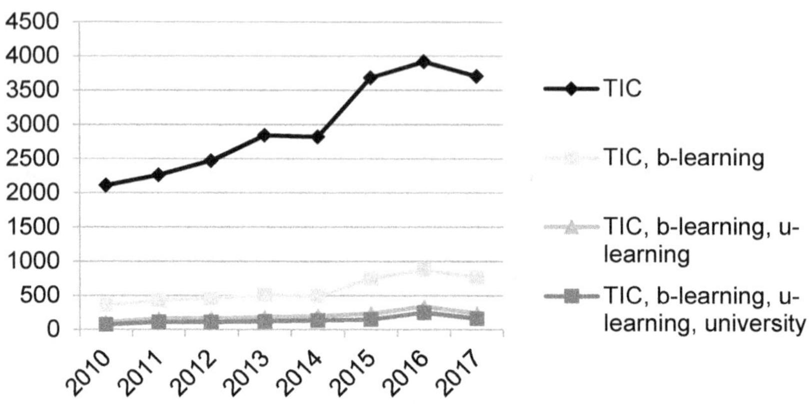

Fuente: elaboración propia.

6. Discusión y conclusiones

Una vez obtenidos los resultados finales de las búsquedas, referente a la progresión cuantitativa de la investigación sobre *e-learning, b-learning* y *u-learning* en los espacios de Educación Superior, es evidente que hay una tendencia decreciente en las cuatro bases de datos a medida que los campos se acotan, o sea, el volumen de investigación se reduce con búsquedas relativas a dichos términos concretos refiriéndose, además, a temáticas muy dispares. Sin embargo, se incrementan por año los resultados para cada término en particular al unificar las cuatro bases de datos (Grafica 1 y Gráfica 2). Hay, en consecuencia, escasos documentos respecto a smartphone y docencia (Educación Superior) dada la cercanía temporal con la que fue introducido en el ámbito educativo e, incluso, por el empleo de metodologías tradicionales en numerosas universidades a día de hoy. Es obvio que las investigaciones no están a la altura del recurso porque debería haber, realmente, un importante número de documentos relacionados en virtud de su trascendencia.

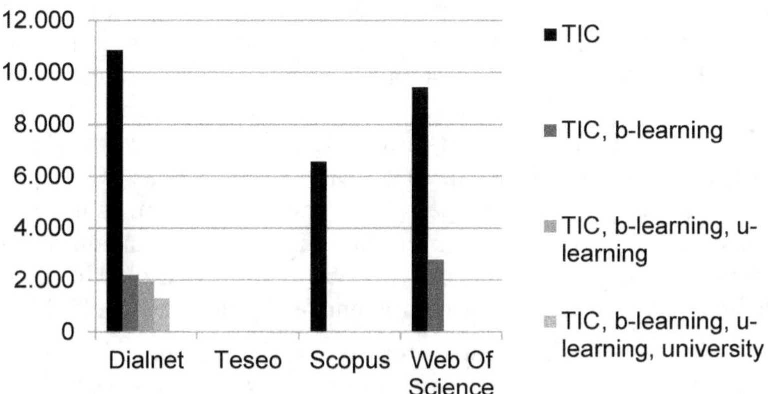

Fuente: elaboración propia.

En cuanto a los resultados con 1 o 0, se da el caso, por un lado, de la búsqueda realizada en la base de datos Scopus donde, al acotarla, se genera un único documento (artículo de investigación) de Oberto-Blanco y Oberto-Villalobos (2016) referido al aprendizaje ubicuo como modelo orientador y medio para gestionar socialmente el conocimiento en la innovación universitaria. En la base de datos Web Of Science, por otro lado, la búsqueda final acotada genera 0 documentos (motivos previamente explicados).

Atendiendo al contenido de los artículos referidos al *u-learning* en el contexto universitario, abundan los documentos sobre plataformas online (Moodle), aprendizaje cooperativo a través de las TIC, Competencia Digital (en adelante CD), metodología Flipped Classroom, videojuegos y realidad aumentada (gamificación), las TIC en la formación del profesorado, percepción del alumnado y del profesorado, RRSS (sin hacer alusión al smartphone para acceder) e instrumentos para medir el uso de las TIC. Se aprecia, entonces, un número considerable de resultados (mayor volumen) sobre temas TIC al ser más genéricos, si bien, disminuyen dependiendo de la novedad de la tecnología o del recurso.

Seguidamente, en los estudios analizados, el smartphone como recurso pedagógico se usa en Ciencias de la Educación, Ciencias de la Información, Administración, idiomas e Ingeniería fundamentalmente para estimular la interacción entre estudiantes (aprendizaje cooperativo), intercambiar información (RRSS), evaluaciones y autoevaluaciones, compartir textos en tiempo real (Apps de mensajería instantánea), planificar el estudio y gestionar el aprendizaje.

Las evaluaciones (por parte del profesorado) y autoevaluaciones (por parte del alumnado) con el smartphone se tienen presente en el proceso de E/A de manera significativa. Hay, en este sentido, múltiples Apps. Adicionalmente, el smartphone en las aulas (sean o no universitarias) se usa para favorecer las relaciones interpersonales y el aprendizaje en comunidad. Con las TIC y, sobre todo el smartphone, los estudiantes llegan mejor preparados al aula en base a un feedback previo (Artal-Sevil, Casanova-López, Serrano-Pastor y Romero Pascual, 2017). Díaz-Pérez, Pedraza-Ortíz y Valdiri-Lugo (2014) puntualizan que, para toda implementación, es necesario valorar las infraestructuras, el contenido digital, la capacitación docente, la participación comunitaria, las políticas y el conocimiento de los conceptos implícitos en la adquisición de competencias digitales y tecnológicas.

Como limitaciones en la investigación del estudio del smartphone en el contexto universitario, es patente que la perspectiva tecnológica sigue siendo el núcleo de la investigación obstaculizando, por consiguiente, la difusión de trabajos con un enfoque didáctico. El aprendizaje móvil se halla en una etapa temprana de desarrollo y, también, los prejuicios e incertidumbre de la sociedad condicionan la validez de los smartphones en el proceso de E/A (Sánchez-Prieto, Olmos-Migueláñez y García-Peñalvo, 2014).

Basándome en la literatura científica analizada, se concluye que la investigación existente es insuficiente aun habiendo un repunte en los últimos 4 años acerca de los nuevos contextos de aprendizaje digitales en la Educación Superior. Los artículos de revisión, por tanto, son imprescindibles como punto de partida al avance de la investigación a la par que la tecnología.

7. Limitaciones del estudio y perspectivas de futuro

El presente trabajo, justo como se esperaba, no está exento de limitaciones. La dispersión de información sobre temas TIC ha influido desfavorablemente en las búsquedas de las bases de datos para hallar contenido específico en docencia universitaria. Hablamos, ciertamente, de *u-learning, m-learning* y smartphone (más concretamente). Este hecho ha impedido extraer conclusiones más sólidas. Quizá se debería haber incluido, además, los términos de aprendizaje ubicuo y aprendizaje semipresencial en Teseo al ser una base de datos en español evitando, tal vez, inopinados resultados (3 documentos encontrados).

Avanzar y profundizar en temas menos tratados en la literatura científica (uso del smartphone en la Educación Superior, como ejemplo de revisión teórica) es la sugerencia de este trabajo, pues contribuir al estado del arte es, en este aspecto, una necesidad total para poder realizar otras investigaciones sobre el avance de las comunidades tecnosociales y propuestas de estudios posteriores.

Referencias bibliográficas

Artal-Sevil, J. S., Casanova-López, O., Serrano-Pastor, R. Mª., y Romero-Pascual, E. (2017). Dispositivos móviles y Flipped Classroom. Una experiencia multidisciplinar del profesorado universitario. *Edutec, Revista Electrónica de Tecnología Educativa,* (59), 1-13. Recuperado de https://goo.gl/JFnaFA

Ato, M., López, J. J., y Benavente, A. (Octubre, 2013). Un sistema de clasificación de los diseños de investigación en psicología. *Anales de Psicología, 29*(3), 1038-1059.

Aznar-Díaz, I., Cáceres-Reche, Mª. P., e Hinojo-Lucena, Fº. J. (2005). El impacto de las TICs en la sociedad del milenio: nuevas exigencias de los sistemas educativos ante la "alfabetización tecnológica". *Revista científica electrónica de Educación y Comunicación en la Sociedad del Conocimiento,* (4), 177-190. Recuperado de https://goo.gl/xjhtJf

Aznar-Díaz, I., Cáceres-Reche, Mª. P., e Hinojo-Lucena, Fº. J. (2009). Percepciones del alumnado sobre el blended learning en la universidad. *Comunicar, 17*(33), 165-174. Doi: 10.3916/c33-2009-03-008

Barragán-Sánchez, R., Mimbrero-Mallado, C., y González-Piñal, R. (2013). Cambios pedagógicos y sociales en el uso de las TIC: U-learning y u-Portafolio. *Revista Electrónica de Investigación y Docencia,* (10), 7-20. Recuperado de https://goo.gl/qrWNgw

Cabrera-Lozoya, A. (2012). *Contribución al diseño y desarrollo de herramientas docentes basadas en TIC para entornos heterogéneos* (Memoria Doctorado, Universidad Politécnica de Cartagena, España). Recuperado de https://goo.gl/K7c4fi

Camarero-Cano, L. (2015). *Conectividad e intercreatividad en las comunidades tecnosociales. Un estudio de caso: La Liga de Optimistas Pragmáticos* (Memoria Doctorado, Universidad Nacional de Educación a Distancia, Madrid). Recuperado de https://goo.gl/gbBdz4

Campos-Martínez, J. A. (2015). *El uso de las TIC, dispositivos móviles y redes sociales en un aula de la Educación Secundaria Obligatoria* (Memoria Doctorado, Universidad de Granada, España). Recuperado de https://goo.gl/R2B3Wp

Carmona, L., y Puertas, F. (Julio, 2012). ULearning: La revolución del aprendizaje. *Observatorio de Recursos Humanos y Relaciones Laborales,* (10), 24-26.

Chacón-Ortiz, M., Camacho-Gutiérrez, D., y Heredia-Escorza, Y. (2017). Conocimientos sobre aprendizaje móvil e integración de dispositivos móviles en docentes de la Universidad Nacional de Costa Rica. *Revista Digital de Investigación en Docencia Universitaria, 11*(1), 159-165.

Cobo-Romaní, J. C. (2009). El concepto de tecnologías de la información. Benchmarking sobre las definiciones de las TIC en la sociedad del conocimiento. *ZER: Revista de Estudios de Comunicación, 14*(27), 295-318.

Córcoles-Tendero, J. E. (2011). Recursos Digitales para el aula. *Quaderns digitals: Revista de Nuevas Tecnologías y Sociedad,* (67), 1-10.

Díaz-Pérez, V. R., Pedraza-Ortíz, A., y Valdiri-Lugo, L. E. (2014). Conceptos para el desarrollo de un modelo de formación en competencias tecnológicas para Colombia. *Hallazgos, 11*(22), 183-198.

Fernández-Ríos, L., y Buela-Casal, G. (2009). Standards for the preparation and writing of Psychology review articles. *International Journal of Clinical and Health Psychology, 9*(2), 329-344.

Gil-González, S. (2013). *Cómo hacer "Apps" Accesibles*. Madrid, España: Centro de Referencia Estatal de Autonomía Personal y Ayudas Técnicas (Ceapat-Imserso).

Gutiérrez-Marín, A. (2010). *Educación multimedia y nuevas tecnologías*. Madrid, España: Ediciones de la Torre.

Henríquez-Ritchie, P., González-Barbera, C., y Organista-Sandoval, J. (2014). Clasificación de perfiles de uso de smartphones en estudiantes y docentes de la Universidad Autónoma de Baja California, México. *Revista Complutense de Educación, 25*(2), 245-270.

Instituto Nacional de Estadística (13 de diciembre, 2017). *Población que usa Internet (en los últimos tres meses). Tipos de actividades realizadas por Internet* [Fichero de datos]. Recuperado de https://goo.gl/1UtZRS

Internet World Stats (December 31, 2017). *World Internet usage and population statistics* [Fichero de datos]. Recuperado de https://goo.gl/KNq1cj

Labrador-Encinas, Fº. J., y Villadangos-González, S. Mª. (2010). Menores y nuevas tecnologías: conductas indicadoras de posible problema de adicción. *Psicothema, 22*(2), 180-288.

Laguna-Segovia, Mª. I. (2013). *Estudio sobre el uso de Internet y sus aplicaciones en el alumnado de último año de carrera de la Universidad de Alicante* (Memoria Doctorado, Universidad de Alicante, España). Recuperado de https://goo.gl/AtuyJQ

Majó, J., y Marquès, P. (2002). *La revolución educativa en la era Internet*. Barcelona, España: CissPraxis.

Martínez-Polo, J. (Diciembre de 2011). Smartphone: un aliado para mejorar la comunicación en el aula. En C. Rodríguez-Wangüemert (Presidencia), *La comunicación pública, secuestrada por el mercado*. Ponencia llevada a cabo en el III Congreso Internacional Latina de Comunicación Social, Tenerife, España.

Mireles, M. (2016). *Ambientes M-learning: elementos (equipamiento, formación y uso) que intervienen en el proceso de aprendizaje usando telefonía móvil del alumnado del programa de doctorado de educación de la Upel-Maracay, Venezuela* (Memoria Doctorado, Universidad de Granada, España). Recuperado de https://goo.gl/N9RKzD

Moguel-Marín, S. F., y Alonzo-Rivera, D. L. (2009). Dimensiones del aprendizaje y el uso de las TIC's. El caso de la universidad autónoma de Campeche, México. *Revista Iberoamericana de Educación a Distancia, 12*(1), 195-211.

Morchón-García, R., y Fernández-Ábalos, J. M. (2014). Manejo de smartphone/tablet aplicado a docencia e investigación. Apps educativas en el aula. En J. S. Pérez-Blanco, A. Muro-Álvarez, y J. Cruz-Benito (eds.). *EducaFarma 2.0. White papers sobre innovación aplicada en el área de las Ciencias Bio-Sanitarias* (pp. 19-26), Salamanca, España: Decanato de la Facultad de Farmacia de la Universidad de Salamanca.

Morillas-Barrio, C. (2016). *Gamificación de las aulas mediante las TIC: un cambio de paradigma en la enseñanza presencial frente a la docencia tradicional* (Memoria Doctorado, Universidad Miguel Hernández de Elche, España). Recuperado de https://goo.gl/uCtfAo

Núñez-Prats, A. y Garcia-Mas, A. (2017). Relación entre el rendimiento y la ansiedad en el deporte: una revisión sistemática. *Retos, (32),* 172-177.

Oberto-Blanco, A. E., y Oberto-Villalobos, G. P. (Junio, 2016). Gestión social del conocimiento y aprendizaje ubicuo como estrategia. *Opción, 32*(8), 373-390.

Organista-Sandoval, J., McAnally-Salas, L., y Lavinge, G. (2013). El teléfono inteligente (smartphone) como herramienta pedagógica. *Apertura: Revista de Innovación Educativa, 5*(1), 6-19.

Paramio-Pérez, G. (2015). *Competencia mediática en eSalud, bienestar psicológico y salud mental en estudiantes universitarios* (Memoria Doctorado, Universidad de Huelva, España). Recuperado de https://goo.gl/rvxyyY

Perestelo-Pérez, L. (2013). Standards on how to develop and report systematic reviews in Psychology and Health. *International Journal of Clinical and Health Psychology, 13*(1), 49-57.

Pérez-Jiménez, M., y Río-Rey, C. (2017). Los dispositivos móviles en el proceso de enseñanza/aprendizaje. Desarrollo e implementación de la aplicación «Glossary». En A. Vega-Navarro, D. Stendardi, S. González-Pérez, E. Torrado, J. J. Sosa-Alonso, J. D. Santos-Vega, y B. A. Candela-Sanjuan (eds.). *Imaginar y Comprender la Innovación en la Universidad* (pp. 257-264). Tenerife, España: Servicio de Publicaciones de la Universidad de La Laguna.

Quirós-Meneses, E. (2009). Recursos didácticos digitales: medios innovadores para el trabajo colaborativo en línea. *Revista Electrónica Educare, 13*(2), 47-62.

Rodrigo-Cano, D. (2016). *Metodologías colaborativas en la web 2.0 en el proceso de enseñanza-aprendizaje en las universidades andaluzas: Cádiz, Huelva y Sevilla* (Memoria Doctorado, Universidad de Huelva, España). Recuperado de https://goo.gl/gKc1wv

Rodríguez-Fernández, L. (2017). Smartphones y aprendizaje: el uso de Kahoot en el aula universitaria. *Revista Mediterránea de Comunicación, 8*(1), 181-190. Doi: 10.14198/MEDCOM2017.8.1.13

Sánchez-Prieto, J. C., Olmos-Migueláñez, S., y García-Peñalvo, Fº. J. (2014). Understanding mobile learning: devices, pedagogical implications and research lines. *Teoría de la Educación: Educación y Cultura en la Sociedad de la Información, 15*(1), 20-42.

Scolari, C. A. (2013). *Homo Videoludens 2.0. De Pacman a la gamification.* Recuperado de https://goo.gl/jXDd9o

Scolari, C. A. (2015). *Ecología de los medios: entornos, evoluciones e interpretaciones.* Barcelona: Gedisa.

Serrano-Sánchez, J. L. (2013). *Herramientas telemáticas en aulas hospitalarias: una experiencia educativa en la Región de Murcia* (Memoria Doctorado, Universitat de les Illes Balears, España). Recuperado de https://goo.gl/feti4w

Sevillano-García, Mª. L., y Vázquez-Cano, E. (2013). La universidad ante el reto del aprendizaje ubicuo con dispositivos móviles. *Edetania: estudios y propuestas socio-educativas,* (44), 33-45.

Silva-Galán, J. Mª. (Diciembre, 2011). Materiales y recursos digitales. *Cuadernos de Pedagogía,* (418), 67-71.

Tello-Leal, E. (2007). Las tecnologías de la información y comunicaciones (TIC) y la brecha digital: su impacto en la sociedad de México. *Revista de Universidad y Sociedad del Conocimiento,* 4(2), 1-8.

Torres-Albero, C. (2002). El Impacto de las Nuevas Tecnologías en la Educación Superior: un Enfoque Sociológico. *Boletín de la Real Estatal de Docencia Universitaria,* 2(3), 1-10.

CAPÍTULO VI

NOMOFOBIA: LA INFLUENCIA DEL DETERMINISMO RECÍPROCO EN LA SOCIEDAD DEL CONOCIMIENTO

D. Andrés García-Umaña
Pontificia Universidad Católica del Ecuador
Dra. Patricia de Casas Moreno
Universidad de Huelva
Dra. Gema Paramio-Pérez
Universidad de Huelva

Resumen

Desde la aparición del primer ordenador en la década de los 70's, la era digital ha evolucionado significativamente, de tal forma que las Tecnologías de la Información y la Comunicación (TIC) se han vuelto indispensables en todos los ámbitos. En los últimos años, el uso de dispositivos digitales e Internet han experimentado un crecimiento sin precedentes. Múltiples autores destacan que son los jóvenes los usuarios más activos y los impulsores de esta evolución tecnológica. En este sentido, son los dispositivos móviles quienes dentro de sus multifuncionalidades técnicas, características físicas y de portabilidad han llegado a ser objeto de estudio y preocupación. El uso abusivo o desadaptativo de una tecnología en particular, podría desembocar en una afición patológica que genera dependencia y resta libertad, pues estrecha su campo de conciencia y restringe la amplitud de sus intereses. De este modo, la presente investigación exploratoria, cataloga vicios digitales y profundiza sobre el desarrollo de la Nomofobia en la sociedad intergeneracional, planteando las posibles soluciones comunicativas para equilibrar el uso responsable de los teléfonos inteligentes. El objetivo específico del estudio es analizar, partiendo de la teoría del aprendizaje social y el principio del determinismo recíproco de Albert Bandura (1977), como la influencia medio ambiental, cognitiva y conductual permite el aumento de Nomofobia en la sociedad. En suma, se pretende responder a las siguientes cuestiones de investigación ¿Cuáles son las variables que influyen sobre el comportamiento adictivo mediático digital? ¿El desarrollo de la Nomofobia irrumpe el progreso de la sociedad contemporánea? y si es así, ¿en qué ámbitos?

Palabras claves

Determinismo recíproco, teoría del aprendizaje social, Smartphone, Nomofobia, Adicción, Sociedad de la información.

1. Introducción y estado de la cuestión

La tecnología se presenta en todos los ámbitos de la sociedad, su manifestación condiciona el progreso de cada uno, ya sea por efectos de publicidad, comunicación interna o gestión administrativa, es inevitable que las TIC no hagan presencia. Ahora bien, lo que se considera irresponsable y que está afectando a la sociedad en general, es el uso abusivo, adictivo e incontrolado. Por consiguiente, desde los diferentes ámbitos que se pueden abordar las adicciones; el uso abusivo de la red u otros factores adictivos por parte de los adolescentes es uno de los temas más preocupantes en la esfera familiar, así también en la psicología y pedagogía de estos últimos años, a ello se le atribuyen también ciertas noticias de gran impacto mediático relacionadas con el uso inadecuado de las TIC, razón por la cual se justifica el requisito de profundizar en posibles tratamientos dirigidos a minimizar dicho impacto (Caro & Plaza, 2016; Sánchez-Carbonell, Beranuy, Castellana, Chamarro y Oberst, 2008).

Visto desde otra perspectiva, al hablar de adicción es fundamental diferenciar entre "sobreuso", "uso intenso" y "uso adictivo", siendo problemático y preocupante el último de ellos (Israelashvili, Kim & Bukobza, 2012). De tal manera, que el concepto de adicción a Internet y a las nuevas tecnologías de la información y comunicación, hacen referencia no sólo al conjunto de horas dedicadas a su uso sino también al consumo de una serie de contenidos que pueden afectar de forma negativa el desarrollo de la persona, pues entre sus manifestaciones comportamentales si se deja dominar por esta conducta podría deteriorar su calidad de vida, ya sea en el aspecto físico, como en el equilibrio psíquico o sus relaciones sociales (Caro & Plaza, 2016).

La actual sociedad del conocimiento supone una fuente de riqueza y de valor definido a través de la alfabetización mediática digital, consistiendo en adquirir habilidades para entender el uso de un mismo lenguaje (Sandoval y Aguaded, 2012). En efecto, el tipo de relaciones sociales que rodean a la persona, podrían ser factores que influyen en ciertas tendencias adictivas, pues muchos de los jóvenes que presentan carencia de un adecuado entorno de relaciones interpersonales y familiares, buscan refugio en hábitos nocivos, abuso de sustancias, sobre uso de redes sociales, dispositivos móviles y videojuegos; es ahí donde nace la tendencia del comportamiento mediático-digital que podría incrementar los riesgos de adicción y bajos niveles de atención (García-Umaña, 2017).

Los comportamientos adictivos traen efectos negativos, tales como el cansancio, la falta de concentración, problemas físicos, psicológicos, económicos y sociales (Young, 1999), e incluso académico y laborales como lo indica Duffy (2016) y Griffiths (2012). Se considera que la conducta humana en su mayoría es aprendida y no innata, gran parte del aprendizaje es asociativo y simbólico; es decir que el ambiente causa el comportamiento, pero a su vez el comportamiento causa el ambiente (Bandura, 1977). Desde el punto de vista del aprendizaje social, el funcionamiento psicológico implica una interacción recíproca continua entre las influencias conductuales, cognitivas y medio ambientales (Bandura & Walters, 1990).

La presente investigación se ha realizado a través de búsqueda bibliográfica y análisis crítico situacional, considerando las siguientes aristas: la intervención de las TIC en la sociedad del conocimiento, el comportamiento mediático intergeneracional, la dependencia al Smartphone (Nomofobia) y vicios digitales, la influencia cognitivo social y los reforzadores personales percibidos en la utilización de cierta tecnología o contenido audiovisual. La mayoría de los estudios contemporáneos sobre gratificaciones de las TIC, emplean una combinación de motivos interpersonales para capturar las habilidades únicas de cada medio (McQuail, 1994). Para el análisis del manuscrito, se pretende exponer las características medioambientales, cognitivas y conductuales que posiblemente estarían interviniendo en el aumento de la adicción al dispositivo móvil (Nomofobia).

2. Las TIC y su intervención en la sociedad del conocimiento y de la información

A medida que pasa el tiempo, la sociedad se ha ido denominando de la información. Su nombre proviene de la necesidad que tiene cada día en procesos comunicativos. Esta nueva etapa de la evolución de la sociedad se caracteriza por la valoración de la innovación, alentada por el cambio tecnológico que explica la reciente etapa de prosperidad que están experimentando algunos países tercermundistas con una valoración superior del conocimiento (Cabero & Marín, 2014). La sociedad del conocimiento es aquella que mejora el acceso a la información de la población pero que a su vez dispensa una alfabetización crítica-reflexiva e igualmente tiene en su haber la mejora de la educación formal, no formal e informal (López & Moreno, 2001).

La evolución de la sociedad surge de manera vertiginosa generando múltiples productos de comunicación e información en la sociedad, sin duda este nuevo proceso conlleva a la competencia entre mercados, reflejándose así la sociedad industrial que marcó el siglo XX. Según De Casas-Moreno (2017) el desarrollo de las nuevas formas de comunicación informativas permitió el aparecimiento de la sociedad de la información, siendo aquella en la que los conocimientos teóricos prevalecen y las fuentes de innovación emanan de la investigación y el desarrollo, así como de la nueva relación entre la ciencia y la tecnología (De-Miguel, 2004).

El uso de los conceptos de sociedad de la Información y del Conocimiento se ha generalizado evidentemente no siendo sinónimos se interrelacionan entre sí. Bell (1985: 154) señala que al hablar de información nos referimos a «noticias, hechos, estadísticas, reportes, legislación, códigos de impuestos, decisiones judiciales, resoluciones y cosas por el estilo», mientras que al hablar del conocimiento es interpretación en contexto, comentarios, relación y conceptualización, las formas de argumentar, por lo general los resultados del conocimiento pueden llegar a ser teorías. Bell (1885) también señala que se está trascendiendo de una sociedad de la información a una del conocimiento en el aumento de personas dedicadas al desarrollo de la investigación.

Los retos del futuro son, sin duda, la educación y la formación. El conocimiento de las TIC resulta primordial: tan importante como aprender tecnología es aprender con tecnología. La formación diseñada para el mundo industrial, aquella en la que la profesión que se aprende es para toda la vida, está quedando obsoleta ante la impotencia de dar respuesta a las necesidades de un colectivo disperso y cambiante; pues sus modalidades tradicionales de formación siguen desatendidas por parte de los mandatarios, por ende aquello dilata la brecha digital poblacional (Fandos, 2009).

Ahora bien, dentro del principio de la sociedad de la información y del conocimiento encaja el término «brecha digital» que originalmente fue planteado por la UNESCO (2005: 23) refiriéndose principalmente a uno de los problemas relacionados con la falta de acceso y el desaprovechamiento de la información, pero además comparte que existen otros obstáculos de tipo cultural, político, ético y educativo que se encierran mejor en el concepto de brecha cognitiva; la brecha digital afecta al crecimiento de toda sociedad con características diversas.

3. Comportamiento mediático intergeneracional

El comportamiento o características de una persona son acciones intrínsecas que se basan en el nivel de exploración que han podido mantener a lo largo de su aprendizaje formal e informal. En términos generales, las personas más activas, neofílicas o más audaces tienden a ser etiquetadas como "exploradoras", mientras que las personas más inactivas, neofóbicas o más tímidas tienden a ser etiquetadas como "no exploratorias" (Réale, Reader, Sol & McDougall, 2007). Sin embargo, no se ha probado si las personas etiquetadas como "exploradoras" realmente recolectan más información durante el proceso de aprendizaje en comparación con aquellas etiquetadas como "no-exploratorias" (Toyokama, Saito, & Kameda, 2017).

El comportamiento es un proceso físico, pero no todo proceso físico es comportamiento (Galarsi, Medina, Ledezma & Zanin, 2013). Lo son aquellos que muestran una respuesta de acuerdo al ambiente en el que viven. Gararsi et al., (2012) menciona que "el comportamiento es un proceso estrictamente físico, registrable y verificable, que consiste, precisamente, en ser la actividad por la que un ser vivo mantiene y desarrolla su vida en relación con su ambiente, respondiendo a él y modificándolo".

Un comportamiento adictivo viene a ser la "dependencia de sustancias o actividades nocivas para la salud o el equilibrio psíquico, afición extrema a alguien o algo" (RAE, 2018). La Organización Mundial de la Salud (OMS) señala que la adicción es una enfermedad física y psicoemocional que crea una dependencia o necesidad hacia una sustancia, actividad o relación, se caracteriza por un conjunto de signos y síntomas, en los que se involucran factores biológicos, genéticos, psicológicos y sociales. Se puede considerar como progresiva y fatal, determinada por episodios continuos de descontrol, distorsiones del pensamiento y negación.

Hablar de adicción establece criterios de dependencia en sustancias psicoactivas o conductuales, dado que además en las adicciones, sean con o sin sustancia, se dan los fenómenos de tolerancia y abstinencia, de tal manera que la persona que se encuentra permanentemente intoxicada o en actividad, muestra exigencia por consumir la sustancia o realizar actividades preferenciales, le resulta evidentemente dificultoso o imposible interrumpir o modificar el consumo, y presenta una determinación absoluta (Stevens et al,. 2014).

3.1. Hábitos y vicios digitales

Los jóvenes constituyen el grupo más propenso al uso problemático o abusivo de la red (Ramos-Soler, López-Sánchez, & Quiles-Soler, 2017), pues la etapa de la adolescencia es crítica, se encuentran definiendo su identidad, son emocionalmente inestables y su inseguridad podría motivarles a la búsqueda de refugio en la web y las herramientas sociales. Dentro del uso de las Redes Sociales - RS, se camuflan vulnerabilidades que calan en la sociedad, tales como el Grooming, el Ciberbullyning, el Sexting y la Ciberadicción, se han considerado prácticas nocivas que podrían desarrollar quienes hacen uso constante e inapropiado de las RS (Arab y Díez, 2015). Las innumerables transformaciones de las TIC han supuesto diversos cambios en el comportamiento humano como lo detalla el apartado anterior, el mundo digital está mediado por el uso controlado o incontrolado de las tecnologías. El uso abusivo de esos malos hábitos termina por configurarse, en muchos casos, como vicios digitales, como lo describe Gabriel (2013) y Rosen (2012) a continuación:

- Cibercondria o hipocondria digital: Tendencia de la persona a creer que tienen todas las enfermedades que lee en Internet.

- Depresión por Facebook: La persona se vuelve dependiente de la red social, creyendo que es la vida ideal, todo es felicidad y elegancia, sintiéndose minimizado.

- Desórdenes del sueño.

- Economía de atención: Cuanto mayor en la información, menor es la atención (trastorno del déficit de atención).

- Info-obesidad: Ruido en la excesiva cantidad de información.

- Aislamiento social: Los espacios tecnológicos aíslan al usuario del mundo real.

- Multitasking: Se trata de la realización de varias tareas al mismo tiempo, el alto estrés crónico del multitasking está asociado con la pérdida de memoria a corto plazo.

- Narcisismo digital- Trastorno dismórfico corporal: Excesiva preocupación por su apariencia, exceso de selfies diarios, desorden compulsivo exponiendo las fotografías en las redes sociales para compensar la falta de autoestima.

- NEWism – NOWism: Obsesiva necesidad de saber lo último de la moda y demás temas.

- Nomophobia - Nomofobia: Miedo irracional y sensación de desesperación a estar sin el dispositivo móvil, no usarlo, quedarse sin batería o sin señal.

- Presenteísmo: Baja productividad operativa debido a su presencia en Internet en horas laborales

- Síndrome del toque fantasma, ringxiety, phantomringing: Sensación de sentir vibración del celular sin realmente suceder (Avvannavar, Kumar, Shrihari & Babu Are, 2008)

- Vicio en juegos on-line: Necesidad abusiva de jugar on-line

En la identificación de un problema de adicción personal o de algún familiar, es importante reconocer sus síntomas que denotan la problemática (Rosen, 2012), entre ellos: Privarse de sueño (<5 horas) para estar conectado a la red, a la que se dedica unos tiempos de conexión anormalmente altos; descuidar otras actividades importantes como el contacto con la familia, las relaciones sociales, el estudio o el cuidado de la salud; recibir quejas en relación con el uso de la Red de alguien cercano, como padres o hermanos; pensar en la red constantemente, incluso cuando no se está conectado a ella y sentirse irritado excesivamente cuando la conexión falla o resulta muy lenta; intentar limitar el tiempo de conexión, pero sin conseguirlo perdiendo la noción del tiempo; mentir sobre el tiempo real que se está conectado; aislarse socialmente, mostrarse irritable y bajar el rendimiento en los estudios o en el trabajo; sentir una euforia y activación anómalas.

3.1.1. Uso abusivo del Smartphone

A finales del año 2015 el 97% de la población mundial utilizaba el teléfono móvil y su número de activos superaba el de personas en la tierra (Ditrendia, 2016). Sin embargo Simó, Martínez, Ballester y Domínguez (2017) señalan que no existe aún un fundamento sólido que sostenga la denominación de adicción a los dispositivos electrónicos, lo que si se destaca son términos de uso problemático, uso dependiente y uso abusivo (Tresáncoras, García-Oliva, y Piqueras, 2017: 28). Lo claro es que se ha sintetizado parte de esta información bajo un concepto que delimita de forma precisa de la situación actual: Nomofobia.

La Nomofobia, presentada como un hábito y vicio digital por Rosen (2012) y Gabriel (2013) proviene del vocablo inglés compuesto *no-mobile-phone phobia* que significa miedo a perder o quedarse sin teléfono. Varios investigadores han determinado a la Nomofobia como un trastorno del siglo XXI por el surgimiento de innumerables dispositivos tecnológicos que a pesar de su definición, no incluye ordenadores; argumentan que son reemplazados por teléfonos móviles y centran profundamente la investigación en la dependencia de los entornos virtuales para la comunicación (King, Valença & Nardi, 2010; King, Valença, Silva, Baczynski, Carvalho & Nardi, 2013; King, Valença, Silva, Sancassiani, Machado, & Nardi, 2014). A continuación (tabla 2) un resumen desde 2004 sobre estudios relacionados al nivel de adicción al dispositivo móvil.

Tabla 1: Estudios sobre adicción al móvil

Instrumento	Autor / año de publicación	α	Criterios de base
Mobile Phone Dependence Questionaire (MPDQ)	Toda, Monden, Kubo & Morimoto, 2004	.86	Observación de la conducta de los usuarios del móvil
Mobile Phone Problem Use Scale (MPPUS)	Bianchi y Phillips, 2005	.90	Explora: tolerancia, huida de los problemas, abstinencia, deseo compulsivo y consecuencias negativas familiares, laborales y económicas.
Mobile Phone Addiction Index (MPAI)	Leung, 2008	.90	Criterios DSM-IV para juego patológico y criterios de Young (1996) para adicción a internet.
Cell-Phone Over-Use Scale (COS)	Jenaro, 2007	.87	Criterios DSM-IV para la clasificación del juego patológico.
Test of Mobile Phone Dependence	Chóliz, 2012	.85 - .91	Criterios DSM-IV (tres factores: abstinencia, pérdida de control / problemas derivados, tolerancia/interferencia con otras actividades.
Cuestionario de Experiencias relacionadas con el Móvil (CERM)	Beranuy et al., 2009	.80	Criterios DSM-IV, tanto de adicción, como de juego patológico (conflictos y uso comunicacional)
Cuestionario de Detección de Nuevas Adicciones (DENA)	Labrador y Villadangos, 2010	-	Criterios DSM-IV para juego patológico.
Cuestionario independiente	Shih, Chen, Chiang & Shih, 2012	-	Teoría de intercambio social y de flujo.
NoMoPhobia Questionnaire (NMP-Q)	Yildirim y Correia, 2015	-	Dimensiones de la Nomofobia,
Cuestionario independiente	Škařupová, Ólafsson y Blinka, 2016	-	Evaluación de impacto sobre los dispositivos inteligentes
NoMoPhobia Questionnaire (NMP-Q)	Yildirim, Sumuer, Adnan y Yildirim, 2016	-	-
Cuestionario adaptado.	Gutierrez, Marquez, y Aguilera, 2016	-	Dirigido a estudiantes de enfermería, en adicción al Smartphone.
Smartphone Addiction Scale -SAS	Kwon et al., 2013	-	Síntomas de adicción a Smartphone.

Fuente: Elaboración propia

La adicción a la tecnología por medio de dispositivos móviles ha permitido el análisis de causas y consecuencias. Chóliz (2012) denomina que se trata de una verdadera adicción, pues cumple criterios indicados para su diagnóstico: síndrome de abstinencia, provocación de conflictos personales, interferencia con otras actividades, entre otros. Sánchez-Carbonell, Beranuy, Castellana, Chamarro y Oberst (2008) enuncian que los adolescentes son los más interactivos en este ámbito, llegan a priorizar este tipo de comunicación de forma que interfiere en sus relaciones sociales (Bianchi y Phillips, 2005; Kamibeppu y Sugiura, 2005) y provoca que pasen más pendientes de las relaciones telefónicas (virtuales) que las personales, siendo más compleja la relación cara a cara. En el uso constante del dispositivo móvil se ve reflejada la repetición de acciones ya sea de llamadas o sms con el fin de obtener la gratificación deseada (Muñoz-Rivas y Agustín, 2005).

4. Influencia cognitivo social y el determinismo recíproco: conducta, ambiente y cognición

La Teoría Cognitivo Social o Teoría del Aprendizaje Social, reconocida por sus siglas en inglés SCT, se basa en describir que las acciones de un ser humano pueden influenciar sobre el proceder o conducta de otra persona. Según Albert Bandura (1977) todos los fenómenos de aprendizaje resultan de experiencias directas; el autor de esta teoría señala que el sistema del aprendizaje social permite formar la base de nuestro comportamiento habitual.

La propuesta ideológica de Bandura permitió el análisis de la conducta vocacional de niños y adolescentes. Bajo la denominación de Teoría del Aprendizaje Social se inició formalmente los trabajos de aplicación del constructo de autoeficacia que finalmente configuró la actualmente conocida como Teoría Cognitiva Social (Blanco, 2009). El autor principal junto a Walters (1959) realizaron varios experimentos para respaldar su teoría, la más destacada es la del "muñeco bobo" y la influencia que era absorbida por los estudiantes al observar previamente una película que señalaba el maltrato al muñeco (Bandura & Walters, 1990).

SCT intenta explicar el comportamiento en un modelo dinámico y recíproco en el cual factores personales (creencias, actitudes) y ambientales (social y físico) interactúan entre sí, para producir un comportamiento (Joseph et al., 2017). Parte del principio de que la conducta humana en su mayoría es aprendida y no innata y gran parte del aprendizaje es asociativo y simbólico, el ambiente causa el comportamiento, pero a su vez el comportamiento causa el ambiente (Bandura, 1977).

Dentro de la SCT se encuentra inmerso una manifestación principal denominada: Determinismo Recíproco que afirma la existencia de una interacción dinámica entre el comportamiento, el entorno y las características de la persona; tres factores que interactúan entre sí para determinar la conducta de un ser humano. Así, desde el punto de vista del Aprendizaje Social, el funcionamiento psicológico implica una interacción recíproca continua entre las influencias cognitivas, conductuales y ambientales (Figura 1) (Bandura, 2005; Shepherd, Walbey, & Lovell, 2017).

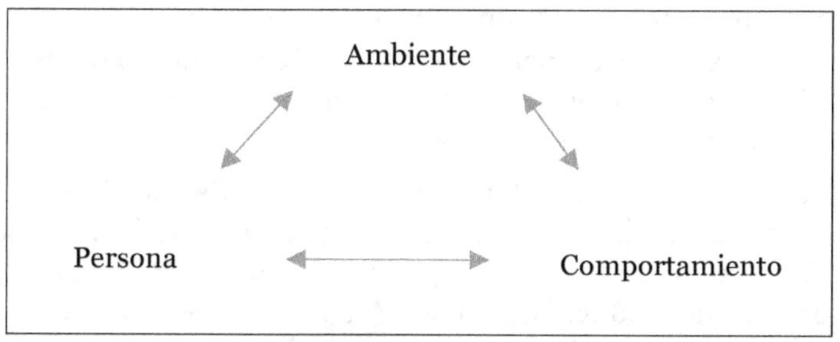

Figura 1: Determinismo recíproco triádico:
Relación entre persona, medio ambiente y comportamiento (Bandura, 1997)

En esencia, la influencia cognitiva (comportamiento) permite determinar el tipo de acciones que puede llegar a regir la naturaleza humana; el comportamiento está regulado por la motivación que produce cierta actividad y las competencias propias. Por lo tanto, es importante identificar qué aspectos cognitivos son de interés cuando se relacionan factores ambientales o personales (Bandura, 1977). Por otra parte, la influencia ambiental se compone por tres factores a) social: contacto regular, familiares, compañero de clase, b) institucional: prescribir comportamientos, influencia obligada de un jefe y c) físico: comportamiento en base al apego de objetos físicos. Finalmente, la influencia conductual tiene que ver con el autoestima o juicio de autovaloración personal (Bandura, 2005).

5. Discusión y conclusiones

Es innegable que las tecnologías de la información y comunicación avanzan a la par de la sociedad, pues sus manifestaciones toman diversas formas físicas, la evolución de los dispositivos electrónicos es imparable, en la medida de la demanda y el aumento del consumismo. El uso constante se ve determinado por sus características propias, entre ellas la versatilidad en la búsqueda de información, facilidad de traslado, ergonomía, forma antropomórfica y la antropometría (Grossman, 2017). Características apegadas a los dispositivos móviles (Smartphone), los mismos que ofrecen oportunidades similares a un ordenador portátil y además llamadas, toma de fotos, distracción, grabar audio y video, almacenar datos, música, películas e interactuar con Internet, todo ello condiciona la portabilidad constante en un estilo de vida común.

El grupo más vulnerable al uso constante del Smartphone, tal como lo menciona Monleón (2012), son los adolescentes-jóvenes (nativos digitales) quienes más utilizan los medios en una alta frecuencia frente a las pantallas (Aguaded & Caldeiro, 2013; Prensky, 2001; Ramos-Soler, López-Sánchez, & Quiles-Soler, 2017). La dependencia del dispositivo móvil o Nomofobia, requiere una intervención seria quizá gubernamental que permita la elaboración de políticas que prevengan el aumento desmesurado de usuarios de menor edad y de acceso irresponsable de contenidos que influyen en algún grado psicosocial (Stevens et al., 2014).

El comportamiento mediático del usuario depende de varios factores, y su aprendizaje social podría estar determinado por un modelo dinámico y recíproco (Joseph et al., 2017). Partiendo del principio de Bandura (1977), en el que señala que la conducta humana en su mayoría es aprendida y no innata, el aprendizaje es asociativo. Por lo cual, el uso de cierta tecnología se ve influenciada por tres factores que interactúan entre sí: el ambiente o entorno, es la sociedad consumista, nos invaden por todos los medios tradicionales y digitales la propaganda de nuevos avances tecnológicos que contagia a nuestro círculo social; la conducta, que tiene que ver con el autoestima personal o juicio de autovaloración que permita definir parte de su personalidad en el uso de cierta tecnología; y el comportamiento que viene a resultar de la influencia cognitiva del entorno (social, institucional o físico) y la debilidad de la personalidad, produciendo un efecto que conlleve a una acción, en este caso la adquisición del último modelo disponible o la conexión constante a medios digitales. El proceso descrito se ha denominado el Determinismo Recíproco con un índice de realidad por confirmar (Shepherd, Walbey, & Lovell, 2017).

En las posibles soluciones comunicativas, se podría establecer políticas entorno a la influencia medioambiental que permita regular la difusión de contenido con la finalidad de direccionar la información al *target* más responsable. Además, agregar al sistema educativo normas o políticas que fortalezcan la educación en medios a padres e hijos favoreciendo al cierre de la brecha digital y elevando el nivel de alfabetización mediática intergeneracional.

En el desarrollo de la última cuestión de investigación, los ámbitos intervenidos por la adicción al móvil o Nomofobia, vendrían ha ser: la educación, la familia y la sociedad. Su progreso trascendental estará condicionado al uso responsable y objetivo.

Referencias bibliográficas

Aguaded Gómez, J. I., & Caldeiro Pedreira, M. C. (2013). Dimensión axioló-
gica de la competencia mediática. Repercusión de las pantallas en el
colectivo adolescente de Lugo [Axiological dimension media literacy. The screens impact in adolescent of Lugo]. *Enseñanza &
Teaching, 1*(31), 77-90.

Arab y Díez (2015). Impacto de las redes sociales e Internet en la adolescencia: aspectos positivos y negativos. *Revista Médica Clínica Las Con-
des, 26*(1), 07-13.

Avvannavar S., Kumar B.S., Srihari S. & Babu Are R. (2008). Mobile
phones: an anthropological review of its Evolutionary impact. *The
Journal of International Social Research, 1*(5), 82-103.

Bandura, A. (1977). *Social learning theory*. Oxford, England: PrenticeHall.

Bandura, A. (2005). *Guide to the construction of self-efficacy scales*. In F.
Pajares & T. Urdan (Eds.), Self-efficacy beliefs of adolescents (Vol.
5, pp., 307-337). Greenwich, CT: Information Age

Bandura, A. y Walters, R. (1990). *Aprendizaje Social y Desarrollo de la personalidad*. Madrid: Alianza editorial.

Bell, D. (1985). Gutenberg and the Computer: on Information, Know ledge
and other Distinctions, in DUFF, A. (Ed.): *Information Society
Studies (2000)*. London: Routledge.

Beranuy Fargues, M., Chamarro Lusar, A., Graner Jordania, C., & Carbonell
Sanchez X. (2009). Validación de dos escalas breves para evaluar la
adicción a Internet y el abuso del móvil. *Psicothema*, 21, 480–5.

Bianchi, A., & Phillips, J. G. (2005). Psychological predictors of problem
mobile phone use. *Cyberpsychology & Behavior*, 8, 39–51.
http://dx.doi.org/10.1089/cpb.2005.8.39

Blanco, A. (2009). El modelo cognitivo social del desarrollo de la carrera:
revisión de más de una década de investigación empírica. Revista
de Educación, 5(1), 423-445.

Cabero, J., & Marín, V. (2014). Posibilidades educativas de las redes sociales
y el trabajo en grupo. Percepciones de los alumnos universitarios.
Comunicar, 42, 165-172. http://dx.doi.org/10.3916/C42-2014-16

Caro Amada, C., & Plaza de la Hoz, J. (2016). Intervención educativa familiar y terapia sistémica en la adicción adolescente a Internet: funda-
mentación teórica. *Revista Española de Orientación y Psicopeda-
gogía, 27*(1).

Chóliz, M (2012). Mobile-phone addiction in adolescence: The Test of Mobile Phone Dependence (TMD). *Health Sciences, 1*, 33-44.

De Casas-Moreno, P. (2017). La televisión sensacionalista en los cana-les públicos y privados en España e Italia. Estereotipos, discurso televisivo y los hábitos de la audiencia (tesis doctoral).

De-Miguel, R. (2004). *Sociedad de la información a la española*. Alicante: Club Universitario.

Digital Marketing Trends – Ditrendia (2016). Informe Mobile en España y en el Mundo 2016. Recuperado de https://goo.gl/8hEf3g

Duffy, A., Dawson, D. L., & das Nair, R. (2016). Pornography addiction in adults: A systematic review of definitions and reported impact. *The Journal of Sexual Medicine, 13*, 760–777. http://doi.org/10.1016/j.jsxm.2016.03.002

Fandos, M. (2009). *Las tecnologías de la información y la comunicación en la educación: un proceso de cambio*. Barcelona: Publicaciones urv.

Gabriel, (2013). *Educar: a revolução digital na educação*, São Paulo: Saraiva.

Galarsi, M., Medina, A., Ledezma, C. & Zanin, L. (2012). Comportamiento, historia y evolución. *Fundamentos en Humanidades, 8*(24), 89-123.

García-Umaña, A. (2017). Impacto social y educativo del comportamiento mediático digital contemporáneo: Nomofobia, causas y consecuencias. *Dilemas Contemporáneos, 5*(1), 1-21.

Griffiths, M. D. (2012). Internet sex addiction: A review of empirical research. *Addiction Research & Theory, 20*(2), 111–124. http://dx.doi.org/10.3109/16066359.2011.588351

Grossman, Lev. (30, 06, 2007). *"I take the iPhone Home"* Time. Recuperado de: https://goo.gl/nMTU6c

Gutierrez, L., Marquez, V. & Aguilera, G. (2016). Adaptation and Validation of the Spanish Version of the Nomophobia Questionnaire in Nursing Studies. *CIN Computers Informatics Nursing, 34*(10), 470-475.

Israelashvili, M., Kim, T. y Bukobza, G. (2012). Adolescents' over-use of the cyber world – Internet addiction or identity exploration? *Journal of Adolescence, 35*, 417–424.

Jenaro, C., Flores, N., Gomez-Vela, M., Gonzalez-Gil, F., & Caballo, C. (2007). Problematic Internet and cell-phone use: psychological, behavioral and health correlates. *Addict Res Theory, 15,* 309–20. http://dx.doi.org/10.1080/16066350701350247

Joseph, R., Ainswoth, B., Mathis, L., Hooker, S., & Keller, C. (2017). Utility of Social Cognitive Theory in Intervention Design for Promoting Physical Activity among African-American Women: A Qualitative Study. *American Journal of health behavior, 41*(5), 518-533. http://dx.doi.org/10.5993/AJHB.41.5.1

Kamibeppu, K. y Sugiura, H. (2005). Impact of the mobile phone on junior high-school students' friends hips in the Tokyo metropolitan area. *Cyberpsychology & Behavior, 8,* 121-130. http://dx.doi.org/10.1089/cpb.2005.8.121

King, A. L. S., Valença, A. M., & Nardi, A. E. (2010). Nomophobia: the mobile phone in panic disorder with agoraphobia: reducing phobias or worsening of dependence? *Cognitive and Behavioral Neurology, 23*(1), 52-54. http://dx.doi.org/10.1097/WNN.0b013e3181b7eabc

King, A. L. S., Valença, A. M., Silva, A. C., Sancassiani, F., Machado, S., & Nardi, A. E. (2014). "Nomophobia": Impact of Cell Phone Use Interfering with Symptoms and Emotions of Individuals with Panic Disorder Compared with a Control Group. *Clinical practice and epidemiology in mental health: CP & EMH, 10,* 28-35. http://dx.doi.org/10.2174/1745017901410010028

Kwon, M., Lee, J. Y., Won, W. Y., Park, J. W., Min, J. A., Hahn, C., et al. (2013). Development and validation of a smartphone addiction scale (SAS). *PloS One, 8*(2), 1-7. http://dx.doi.org/10.1371/journal.pone.0056936

Labrador, F. J. & Villadangos, S. M. (2010). Menores y nuevas tecnologías: conductas indicadoras de posible problema de adicción. *Psicothema, 22,* 180-188.

Leung, L. (2008). Linking psychological attributes to addiction and improper use of the mobile phone among adolescents in Hong Kong. *Journal of Children and Media, 2,* 93-113. http://dx.doi.org/10.1080/17482790802078565

López de Roda, A.B. y Moreno, E. S. (2001). Estructura social, apoyo social y salud mental. *Psicothema, 13*(1), 17-23.

McQuail, D. (1994). The rise of media of mass communication. In D. McQuail (Ed.), *Mass communication theory: An introduction.* London: Sage.

Monleón, P. M. (2012). Arte y tecnología frente a la violencia de género: [ACVG www. artecontraviolenciadegenero. org]. *Arte y Políticas de Identidad, 6*, 177-194.

Muñoz-Rivas, M. J. y Agustín, S. (2005). La adicción al teléfono móvil. *Psicología Conductual, 13*, 481-493.

Prensky, M. (2001). Digital Natives, Digital Immigrants. *On the Horizon, 9*(5), 1-6.

Ramos-Soler, I., López-Sánchez, C. & Quiles-Soler, M. (2017). Adaptación y validación de la escala de nomofobia de Yildirim y Correia en estudiantes españoles de la Educación secundaria obligatoria. *Health and Addictions, 17*(2), 201-2013.

Real Academia Española – RAE. (2018). Recuperado de: https://goo.gl/9cBzxE

Réale, S.M. Reader, D. Sol, P.T. McDougall, N.J. (2007). Dingemanse Integrating animal temperament within ecology and evolution *Biological Reviews, 82*, 291-318.

Rosen, L. D. (2012), *iDisorder: Understanding Our Obsession with Technology and Overcoming Its Hold on Us,* Hardcover – Bargain Price. Recuperado de: https://goo.gl/F9kB8h

Sánchez-Carbonell, X., Beranuy, M., Castellana, M., Chamarro, A. y Oberst, U. (2008). La adicción a Internet y al móvil: ¿moda o trastorno? *Adicciones, 20*(2), 149-1609.

Sandoval, Y. y Aguaded, J.I. (2012). Nuevas audiencias, nuevas responsabilidades. La competencia mediática en la era de la convergencia digital. *Icono 14, 10*(3), 8-22. http://dx.doi.org/10.7195/ri14.v10i3.197

Shepherd, L., Walbey, Ch., & Lovell, B. (2017).The Role of Social-Cognitive and Emotional Factors on Exclusive Breastfeeding Duration. *Journal of Human Lactation, 33*(3), 606-613. http://dx.doi.org/10.1177/0890334417708187

Shih, D., Chen, C., Chiang, H., Shih, M. (2012). Explore dependency syndrome on mobile phone user. *International Journal of Mobile Communications 10*(5), 475-489. http://dx.doi.org/10.1504/IJMC.2012.048882

Simó Sanz, C.; Martínez Sabater, A.; Ballester Tarín, M.L; Domínguez Romero, A. (2017). Instrumentos de evaluación del uso problemático del teléfono móvil/Smartphone. *Health and Addictions, 17*(1), 5-14.

Škařupová, K., Ólafsson, K. & Blinka, L. (2016). The effect of smartphone use on trends in European adolescents' excessive Internet use. *Behaviour & information Technology, 35*(1), 68-74. http://dx.doi.org/10.1080/0144929X.2015.1114144

Stevens, L., Verdejo-García, A., Goudriaan, A. E., Roeyers, H., Dom, G. y Vanderplasschen, W. (2014). Impulsivity as a vulnerability factor for poor addiction treatment outcomes: a review of neurocognitive findings among individuals with substance use disorders. *The Journal of Substance Abuse Treatment, 47*(1), 58-72. http://dx.doi.org/10.1016/j.jsat.2014.01.008.

Toda, M., Monden, K., Kubo, K., & Morimoto, K. (2006). Mobile phone dependence and health-related lifestyle of university students. *Soc Behav Pers,* 34, 1277–84. http://dx.doi.org/10.2224/sbp.2006.34.10.1277

Toyokama, W., Saito, Y., & Kameda, T. (2017). Individual differences in learning behaviours in humans: Asocial exploration tendency does not predict reliance on social learning. *Evolution and Human Behavior, 38*(3), 325-333. http://dx.doi.org/10.1016/j.evolhumbehav.2016.11.001

Tresáncoras, A.G., García-Oliva, C., & Piqueras, J.A. (2017). Relación del uso problemático de whatsapp con la personalidad y la ansiedad en adolescentes. *Health and Addictions, 17*(1), 27-36.

UNESCO (2005). *Hacia las sociedades del conocimiento.* Conferencia Mundial sobre la Educación Superior. Paris: UNESCO

Yildirim, C. & Correia, A. (2015). Exploring the dimensions of nomophobia: Development and validation of a self-report questionnaire. *Computer in Human Behavior, 49,* 130-137. http://dx.doi.org/10.1016/j.chb.2015.02.059

Young, K. S. (1999). Internet addiction: Symptoms, evaluation and treatment. In L. Van de Creek, & X. Jackson (Eds.), Vol. 17. *Innovations in clinical practice: A source book* (pp. 19e31). Sarasota, FL: Professional Resource Press.

CAPÍTULO VII

"CERO CELULARES EN EL AULA". LÍMITES FRENTE A LA NECESIDAD DE COMPETENCIAS MEDIÁTICAS PARA LA PREVENCIÓN DE LA VIOLENCIA BASADA EN GÉNERO

M. Sc. Rigliana Portugal
Universidad de Huelva, España
Dr. Ignacio Aguaded
Universidad de Huelva, España

Resumen

En Bolivia, uno de los factores vinculados con el ejercicio de los derechos humanos y que preocupa al contexto nacional es el crecimiento de las cifras de feminicidio. Destaca Villegas (2015) que cada tres días, muere una mujer por feminicidio. Esto refleja la necesidad de propiciar el conocimiento y ejercicio de capacidades ciudadanas para la prevención de la violencia, desde espacios como la familia y la escuela, principalmente. El objetivo del estudio es identificar los conocimientos, actitudes y prácticas de estudiantes de sexto de secundaria de la ciudad de La Paz, Bolivia, en relación a las competencias mediáticas (digitales) vinculadas a la prevención de la violencia basada en género. Con un enfoque metodológico cuantitativo se aplica una encuesta a estudiantes de colegios públicos y privados. Entre los resultados destaca como nula la utilización del celular para acceder a información sobre violencia basada en género, expresada en el 44,5% de estudiantes, quienes nunca buscaron o descargaron información o material bibliográfico sobre estos temas. Se desconocen sitios o portales de información que informen sobre violencia y género. En las conclusiones se visibiliza la valoración de los estudiantes respecto a la importancia de tener competencias y habilidades mediáticas para emplear el celular con fines de prevención ante la violencia. Es necesario el fortalecimiento de las destrezas en materia de competencia digital, pero desde la perspectiva de Pérez-Tornero (2011), pues no basta adquirir la habilidad técnica, sino fundamentalmente la capacidad crítica, la creatividad y la autonomía para profundizar en la temática de la violencia, desde la prevención.

Palabras claves

competencias mediáticas, violencia, género, prevención, Bolivia, celular

1. Introducción-Justificación

Hace más de tres décadas la Declaración de Grünwald (1982) sobre la educación relativa a los medios de comunicación señalaba que "en lugar de condenar o aprobar el indiscutible poder de los medios de comunicación, es forzoso aceptar como un hecho establecido su considerable impacto y su propagación a través del mundo" (p. 1). Y no se trata de prohibir el uso de tecnologías de la información y comunicación y la constante relación con los medios masivos porque parecen dañinos, pero tampoco se trata de utilizar y permitir el empleo de tecnologías y el contacto con los mass media sin tener precauciones (Zeballos, 2017, p. 1).

Grünwald hacía un llamamiento a organizar y apoyar programas integrados de educación referidos a medios de comunicación desde el nivel preescolar hasta el universitario y la educación de adultos, cuya finalidad sería el desarrollo de conocimientos, técnicas y actitudes que favorezcan la creación de una conciencia crítica. Y es que los espacios educativos, son instancias donde la irrupción de lo mediático ha superado las fronteras, quedando "el aula sin muros" de McLuhan (1974), con lo cual "la tarea educativa no es exclusivamente proporcionar instrumentos básicos de percepción, sino también desarrollar el razonamiento" (Carpenter, y McLuhan, 1974, p. 156).

Existen posturas que señalan que "ni el sistema educativo, ni las asociaciones cívicas, ni los mismos medios, han promovido habilidades audiovisuales para hacer que las personas competentes critiquen al ver los medios" (Aguaded, y Pérez, 2012, p.22), siendo que la educación en medios asume un papel vital porque necesita de competencias comunicativas en la formulación de dietas digitales, considerando la cantidad de contenido que circula por internet y la velocidad con la cual lo hace (Romero-Rodriguez, y Aguaded, 2016, p. 41).

En el caso boliviano, a junio de 2017 la cifra de usuarios de internet llegó a 4,871,000 personas, con un 44,1% de penetración, por CIA; la suscripción a Facebook fue de 257,242,500 usuarios con una tasa de penetración del 60,3% ; y desde diciembre de 2009 existen 369,723,642 suscripciones de celulares móviles con penetración del 92,4% (Internet World Stats, 2017).

Según Pérez-Tornero (2005) "los medios de comunicación digitales o no, constituyen, hoy día, el entorno en que se desarrolla la vida" (p. 250) y es que estamos inmersos en una sociedad mediatizada, donde la mayor parte de la información que nos llega, así como las comunicaciones, surgen a través de los medios de comunicación y las tecnologías, lo que demanda personas competentes en el uso eficaz y seguro de los medios (Parola, y Águeda, 2013, p. 5).

2. Objetivo general y objetivos específicos

Para fines de este estudio, la competencia a considerar es la mediática y en específico la competencia digital. El objetivo general es identificar los conocimientos, actitudes y prácticas de estudiantes de sexto de secundaria de la ciudad de La Paz, Bolivia, en relación a las competencias mediáticas (digitales) vinculadas a la prevención de la violencia basada en género. Los objetivos específicos son:

- Determinar los hábitos de consumo informativo de estudiantes, estableciendo las razones por las cuales ingresan a internet a través de su celular.

- Establecer el conocimiento que tienen respecto a conceptos básicos referidos violencia basada en género.

- Precisar si los estudiantes consideran que el empleo del celular puede contribuir en el conocimiento de temáticas como la violencia.

- Determinar el criterio de los estudiantes en relación a la utilidad del celular para acciones de prevención de violencia.

- Conocer, desde la autoevaluación de los estudiantes si explicitan el tener capacidades para producir contenidos (académicos) relacionados a prevención de violencia, con empleo de los celulares.

La investigación involucra a estudiantes de sexto de secundaria del sistema regular, por ser sujetos en formación, que realizan el último año escolar y que tienen acceso a las TIC, especialmente a internet; y dado que "la tecnología digital ha adquirido importancia entre el público adolescente y forma parte de sus prácticas cotidianas en distintos ámbitos como el familiar, educativo y social. En ellas, el teléfono móvil ocupa un lugar importante pues se trata de un dispositivo personal que se adapta a sus particulares necesidades sociales y de consumo" (Vidales-Bolaños, y Sádaba-Chalezquer, 2017, p. 20; Cabalin, 2014, p. 26).

El interés en abordar a este conjunto generacional radica en que son estudiantes de unidades educativas situadas en los tres macrodistritos que, según la Oficialía Mayor de Desarrollo Humano (2013) del municipio de La Paz, presentan el mayor número de denuncias por violencia contra la mujer en la ciudad de La Paz (Villegas, 2015, p. 13).

El nivel de la investigación es descriptivo, caracteriza un fenómeno de la realidad, en este caso los hábitos de consumo informativo de estudiantes, sus conocimientos en relación a la temática de violencia basada en género, así como actitudes y prácticas. El enfoque metodológico es cuantitativo, con aplicación de la técnica de la encuesta.

Competencia mediática y digital

Fue en 2010 cuando la Comisión Europea difundió el documento "Competencias clave para un aprendizaje a lo largo de la vida" donde explicitaba que "las competencias clave representan un paquete multifuncional y transferible de conocimientos, destrezas y actitudes que todos los individuos necesitan para su realización y desarrollo personal, inclusión y empleo" (p. 7) identificando la importancia de su desarrollo para el final de la enseñanza, siendo base para un posterior aprendizaje a lo largo de la vida.

En ese marco, las capacidades o saberes globales que los ciudadanos deberían tener sobre los medios de comunicación y que vienen a ser las competencias mediáticas, destacan tres tipos de capacidades a decir de Zeballos (2017): "primero, conocimientos teóricos respecto a ellos; segundo, prácticas, es decir, saber manipular o manejar los medios; y, tercero, actitudes y comportamientos" (p. 13). Para tener competencias mediáticas se requiere de alfabetización mediática que implica enseñar a los alumnos a aprender sobre los medios, a resistir a su manipulación y a usarlos de un modo constructivo, buscando ayudar a la formación de buenos ciudadanos, competentes y motivados (Livingstone, 2004; Livingstone y Brake, 2010; Zeballos, 2017).

Para fines del estudio se considera importante precisar lo que se entiende por competencia digital y para ello se toma el aporte de Gibert y Esteve (2011) quienes establecen que la competencia digital "es la suma de todas estas habilidades, conocimientos y actitudes, en aspectos tecnológicos, informacionales, multimedia y comunicativos, dando lugar a una compleja alfabetización múltiple" (p. 55), pero destaca la alerta que precisa Pérez-Tornero (2011) al señalar que "la simple adquisición de habilidades técnicas no garantiza que aspectos necesarios para el desarrollo de la sociedad de la información –como la capacidad crítica, la creatividad y la autonomía personal- se desarrollen convenientemente" (p. 42). Ello implica reconocer que la competencia digital debería considerar la sinergia entre la tecnología y la capacidad crítica.

Contexto boliviano en el ámbito de las TIC

La Unión Internacional de Telecomunicaciones (2017) establece que el ecosistema digital en Bolivia se enmarca en la Constitución Política del Estado Plurinacional de Bolivia, la Agenda Patriótica del Bicentenario 2025, la Ley General de Telecomunicaciones (Ley N.º 164-2011) y los Decretos supremos reglamentarios de la Ley General de Telecomunicaciones (Decretos N.º 1391-2012 y N.º 1793-2013) (p. 13).

La Constitución expresa que toda persona tiene derecho al acceso universal y equitativo a los servicios básicos de telecomunicaciones, quedando bajo responsabilidad del Estado la provisión de los mismos. La Ley General de Telecomunicaciones establece el régimen general de telecomunicaciones y tecnologías de información y comunicación, y declara de prioridad nacional la promoción del uso de las TIC. La Agencia para el Desarrollo de la Sociedad de la Información en Bolivia (ADSIB), dependiente de la Vicepresidencia declara como responsabilidad suya implementar estrategias para reducir la brecha digital en el país, y la Agencia de Gobierno Electrónico y Tecnologías de Información y Comunicación (AGETIC) tiene por mandato implementar estrategias de gobierno electrónico y tecnologías de información y comunicación para las entidades públicas.

Los Decretos 29894/09 y 429/2010, establecen que el Viceministerio de Ciencia y Tecnología, del Ministerio de Educación, diseña y proponer políticas de ciencia, investigación científica, tecnología e innovación, principalmente vinculados al sistema educativo en el país.

Bajo ese marco normativo el Presidente del Estado, Evo Morales, al inaugurar el año escolar 2018, explicitó la necesidad de reflexionar sobre las TIC y en específico sobre el uso de celulares móviles. "Cero celulares en el aula", fue la expresión del Mandatario, respaldada en la Resolución Ministerial N° 001/2018 de 4 de enero de 2018, correspondiente a las Normas Generales para la Gestión Educativa Escolar 2018 del Subsistema de Educación Regular del Ministerio de Educación de Bolvia (2018), que determina:

> Está prohibido el uso arbitrario de los teléfonos celulares de estudiantes y maestros durante el desarrollo de las actividaes curriculares de aula, porque interrumpen el normal desarrollo de las labores educativas. Su uso para procesos formativos debe ser previamente planificado y consensuado con los actores educativos (p. 84).

La prohibición del uso de los celulares en un contexto con presencia permanente de tecnologías de la información y comunicación, probablemente no observa el potencial de la relación sociedad-tecnología, visiblemente explícito en la generación denominada por Prensky (2001), nativos e inmigrantes digitales o a decir de Pedró (2006) New Millennial Learners.

Esta generación refleja una marcada alfabetización digital, una permanente necesidad de estar conectados, la inmediatez, la multitarea y el aprendizaje experiencial (Gisbert y Esteve, 2011, p. 52). Asimismo, visibiliza el uso del celular como práctica habitual entre los jóvenes, quienes han llegando a ser denominados Mobile Youth Cultura o "cultura juvenil móvil" (Vanden-Abeele, 2016), por ser quienes usan los medios móviles de maneras comunes para administrar sus relaciones personales, para experimentar y expresar su identidad, y para lograr autonomía (física y social), con formas compartidas de adaptarse e integrarse en la lógica de personal (p. 86).

En ese contexto, "el uso y desarrollo de la tecnología de los celulares móviles por los más jóvenes, implica nuevas potencialidades para su crecimiento, desarrollo, autonomía y formación personal, y también implica la aparición de riesgos (García, y Monferrer, 2009: p. 91).

Sin embargo, existen posturas que manifiestan que lo generacional no necesariamente tiene que ver con la aproximación de los jóvenes a las tecnologías de la información y la comunicación (Kennedy et al., 2007; White, 2010) sino que existen diferentes realidades y situaciones educativas que inciden en las habilidades y experiencias de las personas, sean jóvenes estudiantes o profesores. Asimismo se destaca el hecho de que la generación de los jóvenes trata habilidades tecnológicas asociadas a lo social y lo lúdico (Valtonen, 2001), no siendo capaces de transferir sus habilidades para el aprendizaje y la construcción de conocimiento (Kennedy, et al., 2007).

Violencia basada en género y competencias mediáticas

Bolivia presenta en Latinoamérica el nivel más alto de violencia física contra las niñas y adolescentes y el segundo, después de Haití, en violencia sexual (Céspedes, y Robles, 2016, p. 65). En criterio de Sandra Aliaga (2017) la violencia basada en género incluye –entre otros- daños físicos, sexuales y psicológicos a un ser humano por el hecho de ser mujer o por el hecho de ser hombre, siendo que afecta de manera desproporcionada a las mujeres; es una violencia que se origina ante el incumplimiento de normas, mandatos y roles de género socialmente adscritas a hombres y mujeres, en el marco de las relaciones desiguales de poder (p. 18).

En Bolivia, la Ley 348, denominada ley para garantizar a las mujeres una vida libre de violencia, precisa en el artículo 15 acciones preventivas, como medidas a desarrollar desde el Ministerio de Educación con la incorporación de temas relativos a la prevención y erradicación de la violencia hacia las mujeres en los contenidos curriculares del sistema educativo; así como el establecimiento de acciones para el proceso de denuncia. En el caso de los medios de información la Ley establece que deben promover acciones de prevención y educación destinadas a reducir la violencia contra las mujeres, con espacios para la difusión gratuita de los mensajes.

Son algunos tipos de violencia la verbal, física, sexual, psicológica, socio-económica, así como la simbólica. Esta última es una apuesta conceptual en la teoría sociológica de Pierre Bourdieu, ella se reproduce de forma invisible en los sistemas de enseñanza, pero este no es exclusivamente un problema académico, es ante todo político, ético y estético (Peña, 2009, p. 63). Para Marta Plaza, citada por Díaz y Gonzales (2016), "la violencia simbólica es la que asegura la dominación, justifica y legitima la violencia estructural y la violencia directa" (p. 138). En criterio de Plaza (2007) este tipo de violencia hace énfasis en los instrumentos mediante los que esta violencia se distribuye y actúa: las representaciones culturales y el lenguaje. En ese marco, "es evidente la importancia de la influencia de la cultura, lenguaje, arte, literatura, cine, publicidad, la televisión, educación, etc. en la construcción de nuevas identidades, en el sentido y relación con la cuestión de violencia de género" (Plaza, 2007, p. 136).

3. Método-Desarrollo del trabajo

En el estudio se optó por realizar una encuesta de carácter cuantitativo aplicada a estudiantes de sexto de secundaria de seis unidades educativas: cuatro públicas y dos privadas, situadas en los macrodistritos Periférica, Max Paredes y Cotahuma, haciendo un total de 119 estudiantes. Si bien inicialmente se tenían identificadas tres unidades educativas públicas y tres privadas, no se pudo realizar la encuesta en la unidad educativa privada, por falta de autorización, quedando las unidades educativas con la siguiente conformación: Públicas (José Carrasco Torrico, República de Francia "A", República del Perú y Ricardo Jaimes Freyre), Privadas (Ignacio Calderón-Fe y Alegría II, Italo Boliviano Cristóforo Colombo).

Las siguientes constituyen las hipótesis de partida del estudio:

Hipótesis 1. Las y los estudiantes de colegios públicos y privados, tienen acceso y propiedad a celulares cuyo uso está dirigido al entretenimiento y ocio, no así a procesos educativos vinculados al conocimiento y prevención de la violencia basada en género.

Hipótesis 2. Las y los estudiantes de las unidades educativas público-privadas consideran necesario e importante el tener competencias y habilidades mediáticas para emplear el celular en procesos de prevención de violencia basada en género.

4. Estrategias metodológicas

El estudio cuantitativo emplea una encuesta estadística no representativa aplicada de forma directa (personal) a estudiantes de sexto de secundaria de los colegios públicos (José Carrasco Torrico, República de Francia "A", República del Perú y Ricardo Jaimes Freyre), privados (Ignacio Calderón-

Fe y Alegría II, Italo Boliviano Cristóforo Colombo), durante el periodo lectivo 2018. La encuesta validada, alcanzó el índice Alfa de Cronbach de 0,8. La aplicación de la misma se realizó en el mes de febrero de 2018. El instrumento se aplicó a 119 personas que hacen el total del alumnado de sexto de secundaria de los colegios señalados. Las edades se encuentran entre 16 y 19 años, siendo 57 mujeres y 62 hombres (véase Tabla 1). Los alumnos de 17 años alcanzan una frecuencia de 62.

La encuesta incluía preguntas dicotómicas, escala de Likert y selección múltiple. El cuestionario, de 25 preguntas tiene una secuencia lógica que comienza con preguntas sociodemográficas (edad, género) continuando con preguntas relativas a las dos hipótesis planteadas. El análisis de los resultados empleó la versión Estadística 2016 del programa estadístico IMB-SPSS® 24.

Tabla 1. Edad y Sexo de los/las Estudiantes Encuestados.

N°	Edad	Frecuencia	Porcentaje (%)	Mujer		Hombre	
				Frecuencia	Porcentaje (%)	Frecuencia	Porcentaje (%)
1	16 (años)	41	34,5	19	33,3	22	35,5
2	17 (años)	62	52,1	31	54,4	31	50,0
3	18 (años)	12	10,1	7	12,3	5	8,1
4	19 (años)	2	1,7	0	0,0	2	3,2
5	20 (años)	1	0,8	0	0,0	1	1,6
6	21 (años)	1	0,8	0	0,0	1	1,6
	Total	119	100,0	57	47,9	62	52,1

Fuente: elaboración propia.

5. Análisis y resultados

Hábitos de consumo

De 119 estudiantes encuestados, 54 corresponden a colegios privados y 65 a unidades educativas públicas. Del total, 57 son mujeres y 62 hombres. Las edades oscilan entre 17 años (62), 16 años (41) y 18 años (12). 111 cuentan con un teléfono celular de uso personal y propiedad. Asimismo 108 de los 119 acceden a un smartphone o teléfono inteligente. El tiempo que dedican a utilizar internet a través de sus teléfonos celulares es de una a dos horas

(23 personas), de más de cinco horas (19 personas). Cuando ingresan a internet a través de su celular, la razón más importante expresada por el 65,5% es para entrar a redes sociales.

Conocimentos

La consulta sobre la definición de violencia desde la Ley 348, marca como respuestas acertadas al 77,3%. El conocimiento de los estudiantes respecto a la diferencia básica entre sexo y género, presenta el 72,3% de acierto. La caracterización de la violencia basada en género fue acertada en el 79% de los estudiantes. Son 51 los estudiantes que califican que la información brindada por los maestros de colegio, sobre género, violencia, violencia basada en género es suficiente, mientras que 40 expresan que es poca. La información que brindan los padres sobre el tema es suficiente según 45 estudiantes.

El 44,5% de estudiantes nunca buscaron o descargaron información o material bibliográfico sobre la temática de violencia basada en género (véase Tabla 2).

Tabla 2. Búsqueda en internet o descarga de información o material bibliográfico sobre género, violencia, violencia basada en género o temas relacionados, con el uso del celular

N°	Respuesta	Frecuencia	Porcentaje (%)
1	Página/Sitio/Portal Web de Ministerios, Gobernación, Alcaldía, Policía Nacional, medios de comunicación, ONG, Fundaciones.	39	32,8
2	Redes Sociales de Ministerios, Gobernación, Alcaldía, Policía Nacional, medios de comunicación, ONG, Fundaciones.	15	12,6
3	Aplicaciones de celular de instituciones públicas y privadas.	12	10,1
4	Nunca busqué o descargué información o material bibliográfico sobre esos temas.	53	44,5
	Total	119	100,0

Fuente: elaboración propia.

Actitudes

El 36,1% de los estudiantes considera que a través del teléfono celular sí se puede acceder a redes sociales y de esta foma ayudar a que sus contactos conozcan sobre hechos de violencia y tomen precauciones hacia la prevención. Sin embargo, 32 estudiantes afirman que reenviar a través de redes sociales, memes, videos y/o audios que muestren acciones de violencia, puede tener como efecto contribuir a que otros jóvenes copien esas conductas violentas generando más problemas.

El 40,3% de los estudiantes considera que el uso del celular puede contribuir en la prevención de hechos de violencia a partir del análisis de contenidos para la toma de acciones, lo cual implica un sentido de responsabilidad en cuanto al uso del medio. Ante la consulta si el uso del celular en procesos formativos, debe ser previamente planificado y consensuado entre alumos y profesores, como actores educativos, el 26,9% de los estudiantes señaló estar de acuerdo en que el uso no controlado de teléfonos celulares en el aula, perjudica el aprendizaje y por ello debe ser normado su empleo en clases, en consenso con el profesor.

Prácticas

A nivel de la práctica y producción de contenido, el 47,9% señaló que los profesores regularmente solicitan el empleo de internet para realizar tareas, pero fuera del aula. Asimismo, el 79,8% señaló que independientemente de la instrucción del profesor, ellos sí empleaban el celular para buscar bibliografía que respalde sus tareas. Respecto a las capacidades técnicas (manejo de aplicaciones o programas informáticos) necesarios para poder realizar la producción de contenidos mediante el celular para difusión de mensajes de prevención de violencia, los estudiantes respondieron, dentro una escala, que sus capacidades para escribir documentos, producir videos y audios era poca; y para diseñar memes, afiches y cartillas, nula.

En cuanto a las capacidades para producir contenidos relacionados con violencia basada en género, los estudiantes consideran de interés: aprender a utilizar los medios de información para difundir los hechos de violencia (40,3%); aprender a analizar el contenido de la información antes de reenviar la misma, precisando si es real y si contribuye a fomentar o prevenir la violencia (34,5%); y buscar información, exigiendo capacitación/formación en temas de violencia a nivel individual y de grupo (30,3%).

6. Discusión y conclusiones

La primera hipótesis planteada es acerada por cuanto los estudiantes de colegios públicos y privados, tienen acceso y propiedad a celulares cuyo uso está dirigido al entretenimiento y ocio a través de internet, no así a procesos educativos vinculados al conocimiento y prevención de la violencia basada en género. De hecho la postura de Vanden-Abeele (2016) respecto a la cultura juvenil móvil y su práctica habitual de uso del celular se reafirma. Queda en evidencia, en contraposición a Kennedy (2007) que lo generacional sí tiene que ver con la vinculación de los jóvenes respecto a las tecnologías de la información y comunicación.

La segunda hipótesis fue comprobada y acertada. El alumnado de las unidades educativas público-privadas sí considera necesario e importante el tener competencias y habilidades mediáticas para emplear el celular en procesos de prevención de la violencia. A nivel de la variable conocimiento, las cifras revelan que los estudiantes tiene un nivel aceptable de manejo de información sobre aspectos básicos referidos a violencia basada en género; diferencia entre sexo y género; definición de violencia en el marco de la Ley 348, sin embargo se requiere fortalecer el empleo del celular en procesos educativos para explorar al máximo las posibilidades de acceso al conocimiento sobre el tema.

El estudio revela la necesidad de fortalecer las competencias mediáticas del profesorado y de los padres de familia, para que, en el marco de la comunidad educativa se promueva la capacidad crítica de los estudiantes con sentido reflexivo. Esto coincide con lo señalado por la Comisión Europea (2010) sobre la necesidad de competencias que promuevan la realización y desarrollo personal para el final de la enseñanza y a lo largo de la vida. Se visibiliza la necesidad de fortalecer las destrezas en materia de competencia digital, pero desde la perspectiva de Pérez-Tornero (2011), pues no basta adquirir la habilidad técnica, sino fundamentalmente la capacidad crítica, la creatividad y la autonomía para profundizar en la temática de la violencia desde la prevención.

Las precisiones expuestas por los estudiantes muestran la pertinencia de lo señalado por Livingstone (2004), Livingstone y Brake (2010) y Zeballos (2017) en el sentido de que la alfabetización mediática es necesaria para enseñar a los estudiantes a emplear los medios de modo constructivo, buscando ayudar en una formación ciudadana competente y responsable.

El estudio reafirma el hecho de que no se trata de prohibir el uso de tecnologías de la información y comunicación, sino de utilizar y permitir su empleo tras un proceso planificado, responsable y precavido que desarrolle el razonamiento y promueva conocimiento (Zeballos, 2017), (Romero-Rodríguez, y Aguaded, 2016). Por ende, es indispensable una educación, no sólo desde la recepción, desde la decodificación sino a través de la creación, del manejo de los distintos lenguajes y del análisis crítico (Parola, y Águeda, 2013).

A nivel de prácticas, los datos ponen en evidencia la importancia de promover el desarrollo de competencias mediáticas digitales en estudiantes, que sí manifiestan interés en producir contenidos para la prevención de la violencia.

Referencias bibliográficas

Aguaded-Gómez, I. & Pérez-Rodríguez, A. (2012) Strategies for media literacy: Audiovisual skills and the citizenship in Andalusia. New Approaches in Educational Research, 1(1), 22-26. doi: https://doi:10.7821/naer.1.1.22–26

Aliaga, S. (2017).Periodismo libre de violencia. Protocolo para el abordaje informativo de la violencia contra las mujeres basada en género. La Paz: Cooperación GIZ Alemana.

Cabalin, C. (2014). Estudiantes conectados y movilizados: El uso de Facebook en las propuestas estudiantiles en Chile. Comunicar, 22(43), 25-33. doi: https://doi.org/10.3916/C43-2014-02

Carpenter, E. & McLuhan, M. (1974). El aula sin muros. Investigacones sobre técnicas de comunicación. Madrid: LAIA. 155-156.

Comisión Europea (2010). Competencias clave para un aprendizaje a lo largo de la vida. Recuperado de: http://goo.gl/EDhrJI

Declaración de Grünwald sobre la educación relativa a los medios de co municación, de 22 de enero de 1982. Recuperado de: https://goo.gl/HMAsdp

Defensoría del Pueblo (2014). Ley para garantizar a las mujeres una vida libre de violencia, Ley Nº 348. Oruro: Artes Gráficas.

Gaceta de Bolivia. Ley 348 – Ley integral para garantizar a las mujeres una vida libre de violencia. Recuperado de: https://goo.gl/miBUJb

Gaceta de Bolivia. Ley 164 - Ley General de Telecomunicaciones, Tecnoogías de Información y Comunicación. Recuperado de: https://goo.gl/3AVosY

García, Ma. C. & Monferrer, J. (2009). Propuesta de análisis teórico sobre el uso del teléfono móvil en adolescentes. Comunicar, 17(33), 83-92. doi: https://doi.org/10.3916/c33-2009-02-008

Gisbert, M. & Esteve, F. (2011). Digital Learners: La competencia digital de los estudiantes universitarios. La Cuestión Universitaria, 7, 48-59.

Internet World Stats IWS (2017). Bolivia Internet Statistics. Recuperado de: https://goo.gl/QV8kib

Kennedy, G., Dalgarno, B. Gray, K., Judd, T. Waycott, J., Bennett, S. & Chang, R. (2007). The new generation are not big uses of web 2.0 technologies: Preliminary findings. En ICT: Providing choices for learners and learning. Singapore.

Livingstone, S. & Brake, D. (2010). On the Rapid Rise of Social Networking Sites: New Fidings and Policy Implications. Children & Society, 24(1), 75-83. doi: 10.1111/j.1099-0860.2009.00243.x

Livingstone, S. (2004). Media Literacy and the Challenge of New Information and Communication Technologies. The Communication Review, 7, 3-14. doi: https://doi.org/10.1080/10714420490280152

Ministerio de Educación (2018). Resolución Ministerial N° 001/2018 de 4 de enero de 2018. La Paz. Recuperado de: https://goo.gl/s1d5At

Parola, A. & Águeda, P. (2013) La urgencia de la competencia mediática en los programas escolares. Chasqui, 124, 5-10. doi: http://dx.doi.org/10.16921/chasqui.v0i124.12

Pedro, F. (2006). Aprender en el nuevo milenio: Un desafío a nuestra visión de las tecnologías y la enseñanza. Documento OECD-CERI.

Pérez-Tornero, J.M. & Martínez Cerda, J.F. (2011). Hacia un sistema supranacional de indicadores mediáticos. Infoamérica, 5, 39-57. Recuperado de: https://goo.gl/Ky9H7a

Pérez-Tornero, J. M. (2005). El futuro de la sociedad digital y los nuevos valores de la educación en medios. Comunicar, 25, 247-258.

Prensky, M. (2001). Digital natives, digital immigrants. The Horizon, 9 (5).

Romero-Rodríguez, L. & Aguaded, I. (2016). Consumo informativo y competencias digitales de estudiantes de periodismo de Colombia, Perú y Venezuela. Convergencia, 23(70), 35-57.

Unión Internacional de Telecomunicaciones ITU (2017). Estudio de caso: El ecosistema digital y la masificación de las Tecnologías de la Información y la Comunicación en el Estado Plurinacional de Bolivia. Suiza: Oficina de Desarrollo de las Telecomunicaciones. Recuperado de: https://goo.gl/RExLBv

Valtonen, T., Pontinen, S., Kukkonen, J-. Patrick, D., Väisänen, P. & Hacklin, S. (2011). Confronting the techonological pedagogical knowledge of finnish net generation student teachers. Technology, Pedagogy and Education, 20(1), 3-18. doi: https://doi.org/10.1080/1475939X.2010.534867

Vanden-Abeele, M. (2016). Mobile youth culture: A conceptual development. Mobile Media & Communication, 4(1), 85-101. doi: http://doi.org/10.1177/2050157915601455

Vidales-Bolaños, M.J. & Sádaba-Chalezquer, Ch. (2017). Adolescentes conectados: La medición del impacto del móvil en las relaciones sciales desde el capital social. Comunicar, 25(53), 19-28. doi: https://doi.org/10.3916/C53-2017-02

Villegas, Sandra. (2015). Medios de Comunicación y violencia de género en La Paz. Diagnóstico y pautas para una política municipal. La Paz: PIEB.

White, D. (2010). Transcript to the visitors and residents video. TALL Blog Onlineeducation with the University of Oxford.

Zeballos, R. (2017) La competencia mediática de jóvenes de la ciudad de La Paz. Capacidades ciudadanas para la interacción con los medios y tecnologías de comunicación. La Paz: SIRCA.

*Este libro se terminó de elaborar en noviembre de 2018
en la ciudad de Sevilla, bajo los cuidados de
Francisco Anaya, director de Ediciones Egregius.*